SPECIAL ACTIVITIES AND EDUCATION OF THE MIND

心の教育と特別活動

田沼茂紀 著 Tanuma Shigeki

北樹出版

はじめに

　子どもの生活時間の多くを支配する学校教育の営みは、教育課程という意図的かつ計画的な教育計画、つまり、子どもがそこで学ぶ全ての総体としての学校知（school knowledge）によって体現される。その学校知に含まれるものは、国語科、社会科、算数・数学科・・・といった教科教育に象徴される知育のみでなく、子ども一人一人の人格形成に大きな影響を及ぼす社会性や道徳性といった徳育の育み、さらには知育や徳育の基となる健康・体力の増進という前提がなければならないことは言うまでもない
　ところが、昨今の学校教育の現状はどうなっているのであろうか。いじめや不登校、校内暴力等は言うに及ばず、学校教育の主人公であるはずのの子どもが自らの学びを平然と放棄するといった「学びからの逃走」が日常化している。古来より健全な人格形成の基とされてきた知育、徳育、体育というトライアングルの均衡が崩れ、歪な様相を呈していることの顕れであろう。オーストリアの哲学者で文明批評家でもあるイヴァン・イリッチ（I.Illich, 1971年）が著書『脱学校の社会』（東洋・小澤周三訳、1977年、東京創元社刊）において指摘した、制度としての「学校化（schooling）」の弊害である。学校が社会制度として位置づけられ、定着してくると、人々は学ぶこととその学校に籍を置いて卒業することを混同するようになる。そして、そのうちに何を学んだかではなく、どんな学校に通い、どこの学校を卒業したかということのみに関心が寄せられる価値の制度化という本来的な意味のすり替えが行われる危険性をイリッチは指摘したのである。このような制度化された学校では、「学ぶ」ことに対する意欲の二極化が必然的に出現する。一方の極では依然として学歴信仰を前提に学ぶことへのモチベーションを維持している層があり、もう一方では学ぶことへの積極的な意味を見出せずにもがき苦しんでいる層がある。そして、その重心は確実に学ぶ意欲をもてないでいる層の拡大へと傾きつつあるのである。
　かつて、佐藤学 2000年）が『「学び」から逃走する子どもたち』（岩波ブックレット NO.524）という衝撃的なタイトルの著作で今日の学校教育の実情を的確に問題提起したように、現代社会が創り出した学校神話の無意味さをい

ちばん敏感に感じ取っているのは、他ならぬ当事者としての子どもたち自身である。知識基盤社会ともてはやされる21世紀に学ぶ子どもの「ニヒリズム」とも言えよう。「何を学んでも無駄」、「何を学んでも人生や社会はかわらない」、「学びの意味が分からない」等々、子どもたちの内なる心の叫びを保護者は、教育関係者は、世の大人たちはどう受け止めればよいのであろうか。換言するなら、子どもたちを保護し、育成し、学びを授ける立場の大人たちが子どもを前に何を見つめ、どう向き合っていけばよいのかが問われているのである。これまでの学校教育は、いわゆる知識やスキル獲得に重きを置く「教授（陶冶）機能」に偏りすぎていたきらいがある。しかし、人間の本来的欲求としての自己成長的な学びを促すためには教授機能のみでなく、人格形成的な働きかけとしての「訓育機能」との調和的融合を前提とした学校知の創造が不可欠なのである。

　ここで論ずる特別活動を核とした心の教育とは、子どもがまず自分と向き合い、向き合った自分を肯定し、自分が生きる意味を見出せるような「生きる力」の育成を実現していくための方途を模索することを念頭に企図したものである。それは、人間としての理想実現へのプロセスでもある。哲学者の池田晶子は、嵐の時代とも例えられる多感な青年期前期の子どもたちに自己について考える大切さを説いた『14歳からの哲学』（トランスビュー、2003年、p. 95）の中で、「目に見える君の人生や、君の人生を含むこの社会を、一番深いところで動かしているのは『理想』、目に見えない観念としての理想なんだ。ちょっと難しい言い方をすれば『理念』といってもいい。よりよくなりたい、よりよくしたいという、現実の原動力としての。その思いだ」と、理想がなければ現実はないことを真っ正面から語りかけている。なぜそうなのかを自問し、模索する時間が特別活動という心の教育活動である。人それぞれの学校経験の中で、深く心に刻み込まれた生きる糧としての学びは何であったのだろうか。人それぞれではあっても、そこには学びを引き出し拡げてくれた教師と、学びを共有し合う仲間がいたのではないだろうか。まさに「人は人から学んで人となる」のである。そんな「生きて働く心の教育」を本書では考えていきたい。

2013年3月　著者

目　　次

はじめに　3

第1章　心の教育とは何か　10
　1　人が人を教育することの意味　10
　　(1)　現代の学校教育が内包する諸課題　10
　　(2)　学校教育における心の教育の位置づけ　12
　2　学校教育における心の教育の指針　17

第2章　心の教育としての特別活動　23
　1　特別活動の目標とその構造　23
　　(1)　特別活動という教育活動の位置づけ　23
　　(2)　特別活動の目標と目指すもの　26
　2　特別活動の目的と教育的特性　34
　　(1)　人間形成のための教育活動　34
　　(2)　「心即理」の実践哲学としての特別活動　36

第3章　特別活動の基本的性格と歴史的変遷　39
　1　特別活動の基本的性格　39
　　(1)　特別活動で目指す学び　39
　　(2)　特別活動の基本的性格　40
　2　特別活動の歴史的変遷　43
　　(1)　戦前の特別活動的な教育活動　43
　　(2)　戦後特別活動の歴史的変遷　46
　3　現行「特別活動」の基本方針　51
　　(1)　目標における「よりよい生活や人間関係を築くこと」の意義　51
　　(2)　全体目標から各内容・学校行事目標へと体系化する意図　51
　　(3)　学習指導要領「特別活動」に共通するコンセプト　54

第4章　特別活動と他教育活動の関連　57
　1　特別活動と部活動そして生徒指導　57
　　(1)　特別活動と部活動　57
　　(2)　特別活動で目指す学びと生徒指導　61

2　特別活動と道徳教育との連携 …………………………………… 66
　　3　特別活動と他教育活動との関連的指導 ………………………… 69
第5章　特別活動の指導計画とその評価 ………………………………… 71
　1　特別活動の指導計画作成 ………………………………………………71
　　(1)　全体計画と各内容指導計画の統一性 ……………………………71
　　(2)　特別活動指導計画作成におけるスコープとシークエンス …… 83
　　(3)　カリキュラム・マネジメント …………………………………… 85
　2　特別活動における評価と子ども理解 ………………………………… 88
　　(1)　教育評価の基本的な考え方 ……………………………………… 88
　　(2)　特別活動における教育評価の考え方とその方法 ……………… 91
　　(3)　特別活動の評価記録「指導要録」 ……………………………… 96
　　(4)　子どもの全体理解と個別理解 …………………………………… 98
　3　特別活動と学校力・教師力 …………………………………………… 102
　　(1)　学校力としての潜在的カリキュラム …………………………… 102
　　(2)　教師に求められる役割と専門性 ………………………………… 103
第6章　特別活動各内容の実践と心の耕し ……………………………… 109
　1　学級活動での学校生活づくり ………………………………………… 109
　　(1)　学級活動の目標とその内容 ……………………………………… 109
　　(2)　学級活動の実践化方策 …………………………………………… 116
　　(3)　学級活動における心の耕し ……………………………………… 125
　2　児童会活動・生徒会活動での学校生活づくり ……………………… 126
　　(1)　児童会活動・生徒会活動の目標とその内容 …………………… 126
　　(2)　児童会活動・生徒会活動の実践化方策 ………………………… 131
　　(3)　児童会活動・生徒会活動における心の耕し …………………… 134
　3　クラブ活動での学校生活づくり ……………………………………… 134
　　(1)　クラブ活動の目標とその内容 …………………………………… 134
　　(2)　クラブ活動の実践化方策 ………………………………………… 135
　　(3)　クラブ活動における心の耕し …………………………………… 139
第7章　特別活動学校行事の実践と心の耕し …………………………… 141

1　学校行事が子どもの生活に果たす役割 …………………… 141
 　(1) 学校行事の教育的意義 ………………………………… 141
 　(2) 学校行事の特質 ………………………………………… 142
 　(3) 学校行事における指導の在り方 ……………………… 143
 2　儀式的行事での学校生活づくり …………………………… 144
 　(1) 儀式的行事の内容 ……………………………………… 144
 　(2) 儀式的行事の実践化方策 ……………………………… 144
 　(3) 儀式的行事における心の耕し ………………………… 145
 3　文化的行事での学校生活づくり …………………………… 146
 　(1) 文化的行事の内容 ……………………………………… 146
 　(2) 文化的行事の実践化方策 ……………………………… 146
 　(3) 文化的行事における心の耕し ………………………… 147
 4　健康安全・体育的行事での学校生活づくり ……………… 148
 　(1) 健康安全・体育的行事の内容 ………………………… 148
 　(2) 健康安全・体育的行事の実践化方策 ………………… 148
 　(3) 健康安全・体育的行事における心の耕し …………… 149
 5　遠足（旅行）・集団宿泊的行事での学校生活づくり ……… 150
 　(1) 遠足（旅行）・集団宿泊的行事の内容 …………………150
 　(2) 遠足（旅行）・集団宿泊的行事の実践化方策 …………151
 　(3) 遠足（旅行）・集団宿泊的行事における心の耕し ……151
 6　勤労生産・奉仕的行事での学校生活づくり ……………… 152
 　(1) 勤労生産・奉仕的行事の内容 ………………………… 152
 　(2) 勤労生産・奉仕的行事の実践化方策 ………………… 153
 　(3) 勤労生産・奉仕的行事における心の耕し …………… 154
 　7　結言　特別活動で育む思いやりの心・公正な心・挫けない心… 155
あとがき ……………………………………………………………… 159
資料編：
　教育関係法規　① 　教育基本法(抜粋)　 (161)
　　　　　　　　② 　学校教育法(抜粋)　 (162)

学校種別学習指導要領
  ① 小学校学習指導要領　第1章　総則　（166）
  ② 中学校学習指導要領　第1章　総則　（171）
  ③ 高等学校学習指導要領　第1章　総則(抜粋)　（176）
  ④ 小学校学習指導要領　第6章　特別活動　（177）
  ⑤ 中学校学習指導要領　第5章　特別活動　（181）
  ⑥ 高等学校学習指導要領　第5章　特別活動　（185）

項目索引　（190）

心の教育と特別活動

第1章　心の教育とは何か

《課題探求の視点》
今日の学校が抱える根源的問題とは何か、それを解決するための力とは何か。

1　人が人を教育することの意味
（1）現代の学校教育が内包する諸課題

　世界中のいかなる地域、いかなる時代においても、自国民の教育をないがしろにして平気でいられるような家はまずないであろう。理由は、至って明瞭である。国家が国家としての体を成して存続し、発展していくためには、それを支える有為な人材の育成が不可欠だからである。しかし、昨今の学校教育を顧みると、そのような理念・理想とは裏腹に、学校そのものの存在が内包する様々な教育上の諸課題も限りなく露呈していることを見過ごすわけにはいかない。本書を進めるにあたり、まずその問題を検討してみたい。

　学校教育の諸課題と一口に言っても、教育制度や教育行政、教育課程や方法、教員養成や教師論、生徒指導等々、実に多様である。すなわち、学校教育のどの部分の何が問題なのか、それが現実的対応の前提として問われるのである。ならば、本書で述べようとするのは「心の教育」であり、それを推進する牽引車としての役割を果たす「特別活動」であることから、学校教育の目的そのものの主人公である児童・生徒に起因する生徒指導上の問題に間口を限定して考察することが妥当であろう。

　今日の学校が抱える教育諸課題と問われれば、すぐにイメージされるのは学級崩壊、いじめ、不登校、校内暴力、学習意欲喪失等々の学校病理と称される事柄であろうか。確かにそれらの事柄は健全な教育活動を展開する際の阻止要因となっており、現象的には学校に起因しているので「学校にすべて問題の根源がある」という学校病理説が成立することとなる。しかし、アジア・太平洋

戦争を経て再スタートした戦後民主主義教育は70年余りの実践史を刻みながら、幾度となく教育改革を断行してきたが、生徒指導上の問題のみならず、様々な教育諸課題の抜本的な問題解決に至らなかった現実も忘れてはならない。

　生徒指導に限定して考察してみたい。確かに学級崩壊、いじめ、不登校、校内暴力、学習意欲喪失等の教育諸問題は学校内で発生しているが、その現象理解の視点を転ずると、それらは学校という場でたまたま噴出し、顕在化しているだけという見方も可能である。

　米国の20世紀初頭を代表する哲学者、教育改革者で、プラグマティズム（実用主義・道具主義と称され、物事を実際経験の結果から判断し、有効なもののみ真理と見なす思想）の代表的な思想家でもあったデューイ（J. Dewey, 1859～1952年）は、著書『学校と社会』（1900年）で、学校は家庭や地域社会の縮図としての小社会であり、教育はそこでの子どもの経験から始まるという経験主義の重要性を唱えている。翻って、デューイの指摘する「学校は社会の縮図」という視点から捉えるならば、学校が今日抱えている諸問題の根源は社会に起因するという「社会病理」説の立場で捉えるのが妥当であろう。

　やや概括的ではあるが、わが国の現代社会は少子高齢化、地域共同社会の弱体化、高度情報化、経済・文化的恩恵面における社会格差の深刻化等々の解決への糸口が容易でない問題に直面している。このような社会の閉塞感が複合的に作用し合い、社会的弱者である子どもたちを蝕んでいる現実を無視するわけにはいかない。ならば、現代社会が諸悪の根源として学校はただ責任転嫁すれば許されるのであろうか。それでは教育基本法第1条に掲げられている「教育は人格の完成を目指し、平和で民主的な国家及び社会の形成者として必要な資質を備えた心身ともに健康な国民の育成を期して行われなければならない」という教育目的、理念の実現を自ら放棄することになってしまうのではないか。やはり、社会の縮図としての学校という小社会において、それを取り巻く諸問題とどう対峙し、どう子どもたちの望ましさを実現していくのかという姿勢とその成果が問われなければならないのである。その教育を展開していく上で大きな支えとなるのが「心の教育」であり、具現化していくのが学校の教育課程として位置づけられている特別活動である。

（２）学校教育における心の教育の位置づけ
①　心とはいったい何か

　学校教育の場では、一般社会で叫ばれる以上に「心」が重視され、子どもたちに対するその教育への期待が大きい。しかし、そのかけ声とは裏腹に、その実相なるものが明確でないのも「心の教育」の特徴である。

　例えば、文部科学大臣の諮問を受けて教育・学術・文化に関する基本施策について調査・審議する役割を担う中央教育審議会の平成10（1998）年6月答申「新しい時代を拓く心を育てるために～次世代を育てる心を失う危機～」では、わが国には継承すべき優れた文化や伝統的諸価値があるとして、「誠実さや勤勉さ、互いを思いやって協調する『和の精神』、自然を畏敬し調和しようとする心、宗教的情操などは、我々の生活の中で大切にされてきた」と「和の精神や和の心」を説明している。しかし、それが社会全体のモラル低下によって次世代を育てる心を失う危機に直面していると答申では指摘し、その是正を訴えるものであった。やや紋切り型の表現ではあるが、科学技術の進歩や高度情報化の進展によってグローバル化し、環境、エネルギー、食料等々の複雑な諸問題を突きつけられている現代社会において、わが国の先人の努力や伝統や文化を誇りとしながら、これからの新しい時代を積極的に切り拓いていく日本人を育てていかなければならないと続けている。そして、そのような時代を担う子どもたちに必要なのは未来への夢や目標を抱き、創造的で活力に満ちた豊かな国と社会をつくる営みや地球規模の課題に積極果敢に取り組み、世界の中で信頼される日本人としての「生きる力」（自分で課題を見付け、自ら学び自ら考える力、正義感や倫理観等の豊かな人間性、健康や体力）を身に付けることが大切であると説明している。その精神は学校教育の国家的基準として文部科学大臣が告示する学習指導要領にも明確に引きつがれている。

　しかし、このような概括的な心の捉え方で、日々の教育活動が展開できるのであろうか。それは否であろう。言うまでもなく、「教育は具体」である。明確な目的性をもってそれぞれの具体的な活動が構成され、その一つ一つが連環して意図的・計画的な実効性の伴うものとして設定した教育目標へ収斂され、達成されるのである。ならば、「心」の実相とは何なのかが問われなければならな

い。ただ、古代ギリシャの著名な哲学者であるアリストテレス（Aristotelês, BC384〜BC322年）も『心とは何か』という著作の中で、心について何らかの確信をつかむことの困難さを述べているように、その様相は明確ではない。ちなみに、アリストテレスはその著作において、心は物体としての人間そのものではなく、一定の条件を満たす物体である人間の内に備わるものであるといった論証をしている。

　一方、同じ古代でも、西洋とは異なる心の捉え方をしているのが、インドに端を発し、東洋において影響力を及ぼしたゴータマ・シッダールタ（仏陀あるいは釈迦）を始祖と仰ぐ仏教の原始教典（パーリ語によって伝えられた阿含教＝ニカーヤ）に納められた「ダンマパダ（法句教）」である。心の様々な働きを包含して「心所（しんじょ）」と表現している。心所は、善と不善、そしてそれ以外のものに区分される。その中でも、次々と迷いを生じて人びとを悩ませる煩悩は、不善に含まれる。このダンマパダでの心の捉え方は、心の本体を「心王（しんのう）」と称して、それが種々の心所と組み合わされて変化していくものと捉えるのである。また、「刹那滅（せつなめつ）」という言葉があるが、ダンマパダでは次々と変化していく心王と心所の組み合わせが心であると説明するのである。いわば、その時々の「場としての心」であり、様々な組み合わせによる「働きの束としての心」が正体であるとするのである。

　心は、その様相を視覚的に捉えることも、手触り等で感覚的に捉えることも、その内なる声を聴覚的に捉えることもできにくい。よって、古代より現代に至るまで得体の知れない存在であり続けているのである。同時に、確かなその存在について時代を超えて人びとが信じ、受容してきたことも事実であろう。

　このような「心」という概念が最も多用されるのは、宗教や教育学分野、あるいは学校教育の場等である。しかし、学校教育と密接な関係にある心理学分野ではあまり多用されない。それは、心という概念があまりにも漠然としていて実験で測定したり、正体を究明したりすることが不能だからである。よって、心理学の分野では「反応」といった用語に代替されるようである。確かに反応という側面から捉えるなら、心は「認知的側面」、「感情的側面」、「行動的側面」といったパーツに分類され、その1側面からであれば実験による測定といった

検証が可能となる。しかし、人間は一個の複合的な存在であり、それをある側面のみで語られても、その人となりという個性的な人間の全体を説明したことにはならないのである。ならば、どう心を説明するのかが、次なる課題となる。

②　心はどう説明されるのか

　心とは実体の伴わないものではあるが、多くの人びとがその存在を肯定し、それが外的な働きかけで育ち、変容するものであると信じて疑わない。よって、国家の教育施策を方向づける中央教育審議会の答申文中にも堂々と述べられているのである。ならば、心の教育を語るためには、それを必要とする各分野における整合性ある定義をしてから、それにかかわる人びとに共通する土俵を設定した後に論ずるという手続きが不可欠となろう。

　心が自律的であろうと、他律的であろうと育つものであるなら、それを実体として捉えられないまでも、その本当の姿としての実相もしくは心と呼ばれるものの有様やそれを説明するための諸様相がある程度定まっていなければ、それが育ったり、育てたりするという議論そのものが意味をなさないこととなる。ならば、心をもう少し明確にしておく必要があるだろう。

　広辞苑を繙くと、そこには「人間の精神作用のもとになるもの。また、その作用」とあり、①知識・感情・意志の総体、②思慮。おもわく、③気持。心持、④思いやり。なさけ、⑤情趣を解する感性、⑥望み。こころざし、⑦特別な考え、と解説されている。そこに共通するものは何か。それこそが、心の正体であろう。いわば、人間の精神作用に様々な影響力を及ぼすもの、つまり精神作用を働かせる動機となるものこそが「心」と捉えられるのではないだろうか。ならば、人間の五感である視覚、聴覚、嗅覚・味覚、触覚という5感覚に触れることで自分と外界とのつながりや置かれている状態を認識するものが心ということになる。それは眼前に拡がる景色であったり、ふと目に留めた一場面であったり、微かな水音や風音であったり、音楽であったり、心地よい香りであったり、懐かしい記憶を甦らせる匂いや味覚であったり、手触り・肌触りであったり、外界と一個の人間とをつなぐ間にあって動くのがまさに「心」であろう。その心は知性（intellectual）というよりも、感性（sensitivity）に裏打ちされたもので、具体的な形は有しないが、それが心理学的な捉えとしての

「認知的側面」、「感情的側面」、「行動的側面」の反応となって表れるものこそが「心」であると考えることができよう。以上のような立場で捉えるなら、「人・こと・もの」と一個の人間との間に介在するものが「心」ということになろう。

③ 教育における心をどう定義するのか

ここまでのことから、芸術や文化、体育、道徳、宗教等々の各分野においてその介在の仕方が異なることは容易に推測できるのである。ならば、本書で取り上げる学校教育の分野、特にその中でも子どもの人格形成に直接寄与することを目的に展開される教科外教育として特別活動での「心」はどのように定義すればよいのであろうか。

そのためには、まず「教育」という意図的営みを明確にしておく必要がある。広辞苑で敢えて「教育」という用語の意味を問うと、「教え育てること。人を教えて知能をつけること。人間に他から意図をもって働きかけ、望ましい姿に変化させ、価値を実現する活動」と記されている。これは、'education'という用語の語源であるラテン語の'educere'を e ＋ducere に分解して解釈した時の e- は「外へ」という意味をもつ接頭語、'ducere'は「引き出す」という意味に拠っている。つまり、子どもがその内面にもっている可能性を外へ引き出す、というのが「教育」という用語がもつ本来の意味となるのである。しかし、具体的な教育場面を想定すると、ただ子どもの内面にあるものを引き出すことだけでは不十分である。畑に作物の種子を蒔かなければ、そこからは何も生えてこないし、収穫するものが何もないのと同様である。よって、教育という熟語には種蒔きとしての「教える」と、蒔いた種子の自己成長性を引き出す「育む」の両方の意味が含まれているのである。

学校教育における教科外教育という位置づけの特別活動や道徳教育は、人格形成に向けてダイレクトに働きかける教育活動である。そこでのキーワードは、言うまでもなく「人と人とのかかわり」である。その人と人とのかかわりを体現し、そのかかわりの中で学ばせ、学びを引き出していくところに教育的意義が見いだされるのである。そのような教育的営みの中で、「心」はどう介在し、どう育まれるのであろうか。その点について、もう少し言及しておきたい。

人間は文字通り、人と人との間に生きる存在である。そこには社会的存在と

して生きる人間の特質が浮かび上がってこよう。人間は社会的存在である以上、人と人とが支え、支え合う社会を無視して生きていくことはできない。わが国の近代倫理学の祖と称される和辻哲郎(1889～1960年)は、主著『倫理学』(1937～49年)において、人間は「世の中」そのものであり、同時にその世の中に生きる「人」そのものであるから、世の中は単なる「人」のみで成り立っているわけではないし、単なる「社会」というのも単独で成り立っているわけでもないと説明する。つまり、和辻は人間と社会との相互補完的な関係性を指摘したのである。和辻によれば、人間は一人の個人としての意味を有すると同時に、人と人との「間」をも意味する「人間存在」であるとして、「間柄的存在」と称したのである。つまり、個別性と全体性の両面性を有するのが「人間」であり、人間が人間であるためには個別性が全体性を否定して個別になり、再び個別が自らの個別性を否定して全体性を回復するという二重否定の弁証法的な立場をとることで、社会的（世間性＝）であると同時に個人的（個人性＝私心）であるという両面性を有する人間存在を説明したのである。そこには、個人が社会的な存在として社会生活を営む上で求められる能動的な対人関係構築力や状況適応力といった資質・能力としての社会性（sociality）、個人と社会とのかかわりの中で善悪の判断をしたり、社会規範としての望ましさを実現したりする際に求められる資質・能力としての道徳性（morality）の獲得が必須となってこよう。いわば、社会性と道徳性は社会的存在である個を支える両輪なのである。つまり、その志向性が個人から外部に向けられる際に機能するのが社会性であり、個人の内面に向けられる際に機能するのが道徳性であると説明されよう。いずれも、個人と社会とのかかわりにおける望ましさを実現する前提である。

　では、社会的存在として生きる人間として求められる資質・能力、例えば、他者との望ましい関係を築き、発展させていく上で求められる人間関係構築能力を個人が身に付けていく際に、心はその時どこに存在するのであろうか。先に述べた考え方、「人・こと・もの」と一個の人間との間に介在するものが「心」という前提に立つなら、社会性や道徳性といった人格形成に直接寄与するような特別活動や道徳教育においては、小社会としての日常的な学校生活場面において意図的な教育活動として展開される過程で生ずる心の動き、つまり、「人と

人との間に介在するものが心」であると説明できよう。、このような社会性や道徳性の特質を踏まえた特別活動や道徳教育等の教科外教育における「心の教育」でなければ、その本質的意義を見失い、特定の立場に偏した一貫性、普遍性に欠ける教育活動になってしまうのである。

2 学校教育における心の教育の指針

　平成20（2008）年3月に文部科学大臣によって告示された小・中学校学習指導要領第1章総則第1「教育課程編成の一般方針」では、「各学校において、児童（生徒）に生きる力をはぐくむことを目指し、創意工夫を生かした特色ある教育活動を展開する中で、基礎的・基本的な知識及び技能を確実に習得させ、これらを活用して課題を解決するために必要な思考力、判断力、表現力その他の能力をはぐくむとともに、主体的に学習に取り組む態度を養い、個性を生かす教育の充実に努めなければならない」と述べられている。

　この教育目的的表現の背景には、古来より指摘される心と身体の調和的な発達、つまり「心身一如」という前提がなければ成立し得ないものである。諺にもある通り、「馬を川辺につれていくことはできるが、水を飲ますことはできない」のである。子どもに周囲の大人たちが無理矢理に「習得・活用・探求能力」といった諸能力を身に付けさせようとしても、それは結果的に徒労に終わるのである。そこには、いくら環境を整えても子どもの心が動き、子どもがその気にならなければ学習は成立しないという、あまりにも当たり前の原理が立ちはだかるのである。子どもの調和的な人格形成を学校の教育活動で目指す時、そこには知性と感性の調和的融合が不可欠なのである。

　要は、社会的存在として生きる子どもたちにどのような未来志向的な資質・能力を身に付けさせていくのかという、その教育的営みのスタートラインにおけるコンセプトが定まっていなければ、その後の教育成果は期待できないのである。人間は成長・変化する存在である。時間の流れの中で絶えず身体を働かせ、頭脳を働かせ、心を働かせて移り動いていくのが人間なのである。この際、個の内的変化に着目するところから人格教育は開始され、そこから感性に裏打ちされた揺るがない自己肯定感に基づく確かな学びが創造できるのである。

図1-1　「生きる力」の基本構造

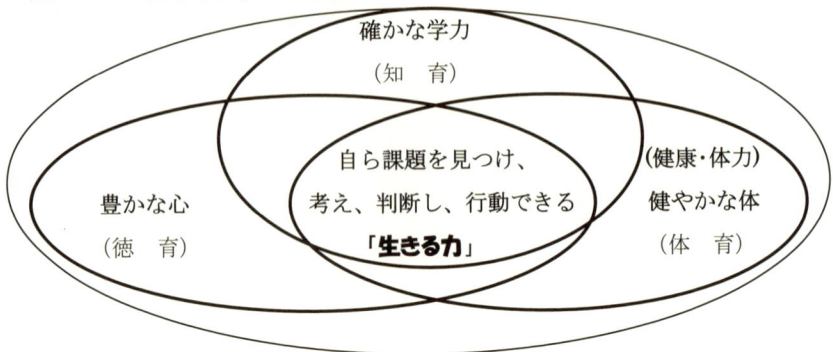

　図1-1の主体は言うまでもなく子どもである。子ども自身が学校教育の様々な機会を通じて一歩ずつ自立（independence）し、自らを他律（heteronomy）から自律（autonomy）へと変容させていくことで人格的成長は促進されるが、それを支え、後押しするのは誰であろうか。それは紛れもない教師である。

　ドイツの教育学者ヘルバルト（J.F.Herbart）が『一般教育学』(1806年)で唱えたように、教師が教育的愛情と教育学的なものの考え方としての教育学的心術、子どもへの適切な応答力としての教育的タクトを有するなら、子どもが自ら考え、判断し、行動しながら逞しく生きる力は着実に育ってくる。教師が一人一人を信頼し、その主体性を大切にするなら、子どもはそれに応えて自分も、そして共に生きる他者をも大切にする心根が育ってくる。教師が個の内にあってその身体や精神を支えている魂を揺さぶるなら、子どもは切実な思いをもって学ぶ力を発揮させる。教師が自己研鑽する後ろ姿を見せるなら、その背中から子どもは自分の誠実な人生の歩み方を自覚してくる。教師がかかわるかけがえのない保護者や地域の人々と支え励まし合って子どもの成長のために尽くすなら、子どもはそこから社会的存在として他者と共により善く生きることの大切さを学んでいく。やはり、子どもが知性と感性の調和的融合によって健やかな人格的成長を遂げていくためには、教師の支え導く「教師力」が不可欠なのである。このような教師力の存在は、古代ギリシャで「問答法」によって知を知らしめたソクラテスの時代から続く教育の「不易」でもある。

言うならば教師力は、子どもの内面的成長への内発的動機づけとなる自己評価に大きな影響を及ぼす。つまり、子ども自身が「自分は一人の大切な存在だ」とか「自分はかけがえのない存在だ」と思える心の状態、つまり自尊感情(self-esteem)、自己効力感（self-efficacy）といった言葉で表現される自己肯定感の涵養につながってくるのである。平成 20（2008）年 1 月に示された中央教育審議会答申「幼稚園、小学校、中学校、高等学校及び特別支援学校の学習指導要領等の改善について」でも、自分に自信が持てず、学習や自分の将来設計に無気力であったり、不安を感じたりするだけでなく、友だちや周囲の人々との人間関係構築の困難さに悩む子どもの増加が指摘されている。内発的動機づけ理論で知られる米国の心理学者のデシ（E.L.Deci,1975 年）は、個が物事に取り組む意欲としての内発的動機づけの要因として、①有能感、②自己決定感、③他者受容感、という 3 点を挙げている。そして、それらが有効に機能するためには図のようなプロセスを辿ると桜井茂男（1997 年）は指摘する。

図1-2　学習意欲の発現プロセス

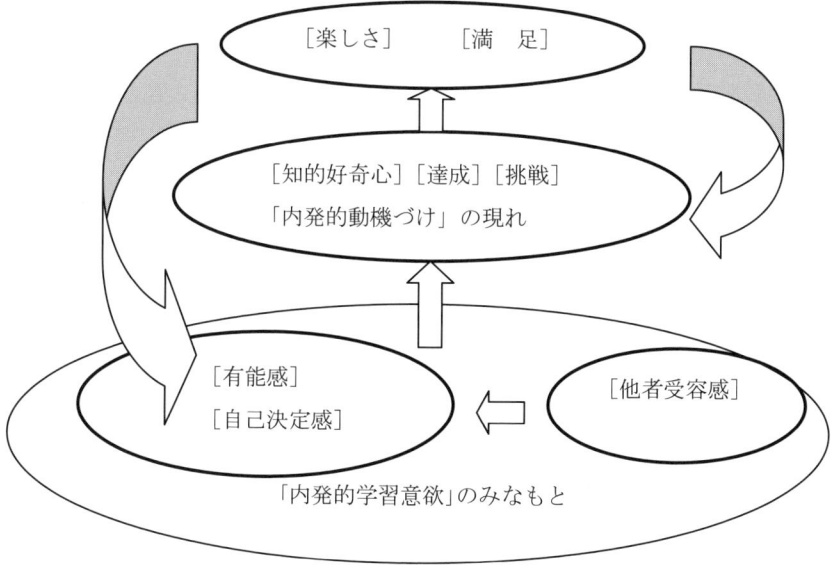

（桜井茂男『学習意欲の心理学』　1997 年　誠信書房　p.19 を参照作成）

人間は本来、外的な働きかけで思考・判断したり、行動したりする存在ではない。自分の心が動き、それが実現したい、達成したいという内面から突き上げられる欲求によって具体的な行動へと誘導されるのである。やはり、そのために必要なことを思考・判断するという認知的側面、それを具現化したいという欲求動機を可能にする表現力や実践スキルに支えられた行動的側面が機能するためには、やはりその前提としての感性に裏打ちされた情動、つまり心が働くという情意的側面の働きがなければならないのである。

図1-3　「心の学び」の相互関係構造

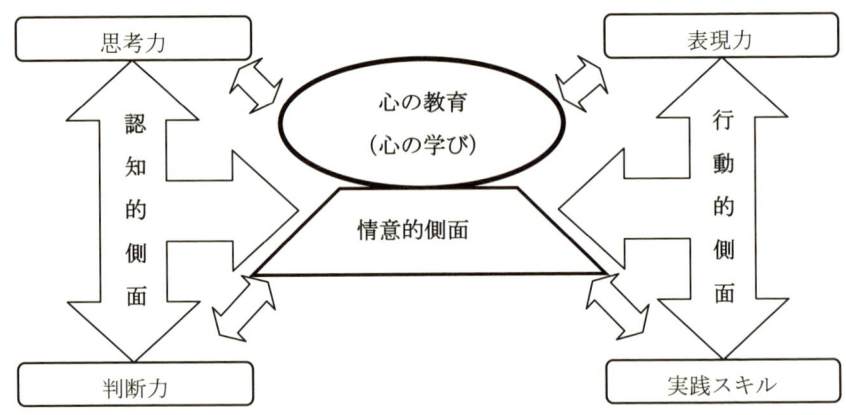

　ここまで縷々述べてきた「心の教育」とは、心という存在の捉え方によって如何様にも姿形を変え得る可塑性に富むものである。よって、「心の教育とは、こういうものである」といった定型的な説明や定義ができないところにこそ、その特質があるとすることができよう。しかし、その存在やその教育可能性について異論を唱える人が少ないことを勘案すると、やはり学校教育や家庭教育、社会教育といった様々な教育場面で、一人の人間が生涯学び続けていく過程においては必須なものであると明言できるのである。
　もちろん、心の教育は先に挙げた中央教育審議会答申等でも述べられているように、情意的側面のみを強調すれば事足れりといった性質のものではない。

そこには、心を育むための道筋、見通しが見えていなければならない。図1-3で説明するなら、情意的側面を豊かにするためには、むしろ、思考力や判断力といった認知的側面、表現力や実践スキルといった行動的側面での成長・発達が伴わなければその充実はあり得ないのである。「生きる力」の育みは、いわば相互補完的なバランスによって滑らかに力強く未来へと進む幼児用の三輪車のようなものであると言い表すことができよう。

同時に、心というシンボリックな「もの」、具体的なかたちを伴わない「もの」を対象にするだけに、それを直接教育しようとすることは現実的ではないだろう。むしろ、心の教育は決して心そのものを教え、育むといったものではなく、人間が人と人との間に生きる間柄的存在、社会的存在である以上、そこには「心を通い合わせる教育」が展開されなければならないのである。そんな、互いの心と心が通い合い、重なり合う中で展開される心の教育では、認知的側面、行動的側面、情意的側面が個の内面で調和的に統合され、心身一如のバランス感ある「生きる力」となって機能すると考えるのが妥当であろう。いわば、前出のデューイが唱えた経験主義教育とも符合するものである。

デューイの経験主義に基づく教育思想は、道具主義、実験主義とも称される。その由来は「経験の拡大」という点に集約されるからである。「なすことによって学ぶ（Learning by Doing）」という名言によって体現されている。

デューイは、人間が様々な活動によって得る「経験」の発展性に着目した。人間は、何かをする時に道具を使う。そして、その結果を踏まえて道具も徐々に扱いやすいように改良する。それは、知性も同様である。例えば、人は自分の知性を活用して導き出した結果によって、その都度修正を加えなければならない。つまり、知性は具体的（実験的）に経験することで、その都度新たなものへと修正されるのである。こういった経験に基づいた知性が活用され、行動に適切に反映されるところに人間の自由と進歩の道筋を見出したのである。このような人間の主体性に基づく自由と知性によって導かれる行動の自由とを確保することで、他者への寛容さや配慮、思考の柔軟さといったいわゆる個の情意的側面の発達をも促し、それらが教育活動の進展によって社会の調和と発展のための協同が実現するとデューイは唱えたのでる。つまり、心の教育は「な

すこと」から開始される性質のものであると結論づけられよう。

【第1章の参考文献】
(1)　文部科学省　　『生徒指導提要』　2010年　教育図書
(2)　文部科学省　　『小学校学習指導要領解説総則編』　2008年　東洋館出版社
(3)　文部科学省　　『中学校学習指導要領開設総則編』　2008年　ぎょうせい
(4)　J.デューイ　　『学校と社会・子どもとカリキュラム』市村尚久訳　1998年　講談社
(5)　J.デューイ　　『民主主義と教育』金丸弘幸訳　1984年　玉川大学出版部
(6)　アリストテレス　『心とは何か』桑子俊雄訳　1999年　講談社
(7)　松田愼也　　『ダンマパダ　心とはどういうものか』　2007年　NHK出版
(8)　竹田清夫　　『再考・心の教育』　1993年　東信堂
(9)　和辻哲郎　　『倫理学』(一)　2007年　岩波文庫
(10) エドワード L. デシ　　『内発的動機づけ』安藤延男・石田梅男訳　1980年　誠信書房
(11) 桜井茂男　　『学習意欲の心理学』　1997年　誠信書房

第2章　心の教育としての特別活動

《課題探求の視点》
なぜ学校教育の1領域としての特別活動が、心の教育そのものであるのか。

1　特別活動の目標とその構造
(1)　特別活動という教育活動の位置づけ
　特別活動 (special activities) は学校における教育課程の1領域で、子どもたちが学校・学級生活において、集団活動を通して生活経験を拡げたり、様々な豊かな体験をしたりしながら学ぶ教育活動である。そして、教師は各教科での学習や道徳教育との緊密な関係を保ちながら、学校教育の目的や目標を達成するための役割を担っているのである。

図2-1　学校教育の構造と心の教育

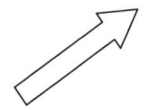
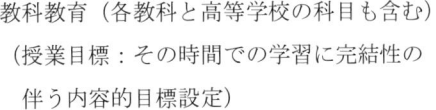

学習指導要領に基づく学校の教育課程（知育・徳育・体育の体現）＝心の教育

教科教育（各教科と高等学校の科目も含む）
（授業目標：その時間での学習に完結性の伴う内容的目標設定）

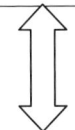

教科外教育（道徳、特別活動、総合的な学習の時間、小学校の外国語活動等）
（授業目標：未来志向的な人格形成や学び、課題追求的態度形成等の方向的目標設定）

図2-1は、学校における教育課程の構造を示したものである。改めて言うまでもなく、学校はその学校種こそ違っていても、それぞれの学校の目的や目標、内容等は教育基本法、学校教育法、学校教育法施行規則等といった法律によってその基準が明確に定められている。それらを各学校で日々の教育活動へ敷衍していけるよう具体的に立案した教育活動計画が教育課程と呼ばれているのである。そして、その教育課程編成の際の目安となるのが、文部科学大臣が学校教育法施行規則に基づいて学校種毎の教育課程を国家基準として告示する学習指導要領（Course of Study）である。その意味で学習指導要領は、教育の国家基準として幼児・児童・生徒それぞれの発達段階に即しつつ、各学年、各教科等の授業時数等を考慮して総合的に体系化したわが国教育の指導指針なのである。

　本書で論ずる特別活動も、この学習指導要領に基づいた教育活動の１領域である。この特別活動は、わが国の公教育を規定した学校教育法第１条に示された「幼稚園、小学校、中学校、高等学校、中等教育学校、特別支援学校、大学及び高等専門学校」のうち、幼児の遊びを通して主体的な活動を促し、幼児一人一人の特性に応じた発達課題に即して教育活動を展開する幼稚園と、高等教育として高度な専門教育を施すことを目的とする大学等を除く全ての学校（小学校、中学校、高等学校およびそれに準ずる中等教育学校、特別支援学校）の教育課程に位置づけられている。特別活動はその呼称の通り、文部科学省が教育の国家基準として公示している学習指導要領の英訳版にも表記している通り、教科教育とは異なる特別な教育活動、学校教育における知育の教育とは異なる意味合いをもつ教科外教育である。

　また、その名称ともなっている「特別」な教育活動とはどのような内容を指すのであろうか。学習指導要領「特別活動」では、以下のように示されている。

《特別活動の内容》
　【小学校】
　① 学級活動、②児童会活動、③クラブ活動、④学校行事
　【中学校】
　① 学級活動、②生徒会活動、③学校行事

【高等学校】
①ホームルーム活動、②生徒会活動、③学校行事

　各学校種における特別活動の教育内容は、小学校において4項目、中・高等学校において3項目挙げられている。一見、脈絡がないような印象を受けるが、いずれの内容も、子ども自身が自ら活動することで開始される教育活動である。特に、教師間ではこのような活動を「特活（とっかつ）」と略称で呼ぶような場合も多く、やや内容が見えにくいといった印象を与えがちである。ただ、ここまでで明確になってくるのは、学校の時間割の多数を占める教科教育とは異なるもの、学校生活に変化と潤いをもたらし、子どもが互いにかかわりあい、「なすことによって学ぶ」ことで展開される教育活動であるという点であろう。

　このような教科外教育としての特別活動は、各教科での授業目標と一線を画する。各教科であれば、その時間で取り上げる学習内容をきちんと押さえることが目的とされる「内容的目標設定」である。つまり、その目標が達成されないと次の時間の指導に支障をきたすので、明確な指導のゴールが設定されているのである。それに対し、道徳教育もそうであるが、特別活動で設定するのは個々の子どもの生きる望ましさとしての資質・能力形成に向けた人格的可能性を開花させるための目標である。その教育活動を展開したことですぐ目に見える成果は確認できなかったとしても、それが個々のその後の生活で役立ったり、能力として開花したりするならば、教育活動として大いに意味をもつのである。このような教育可能性を拡げるゴールフリーな「方向的目標設定」こそが、教科外教育の大きな特色でもある。

　つまり、学習指導要領第1章「総則」の第1の2で述べられている「教育基本法及び学校教育法に定められた教育の根本精神に基づき、人間尊重の精神と生命に対する畏敬の念を家庭、学校、その他社会における具体的な生活の中に生かし、豊かな心をもち、伝統と文化を尊重し、それらを育んできた我が国と郷土を愛し、個性豊かな文化の創造を図るとともに、公共の精神を尊び、民主的な社会及び国家の発展に努め、他国を尊重し、国際社会の平和と発展や環境の保全に貢献し未来を拓く主体性のある日本人を育成するため、その基盤とし

ての道徳性を養う」ことを目的とする道徳教育と車の両輪のように相互補完的に機能し合い、子どもの人格形成に寄与する必要不可欠な教育活動が特別活動なのである。

（2）特別活動の目標と目指すもの

　学校教育における特別活動について知るためには、学習指導要領に示されている目標を分析するのがいちばんの早道である。以下に、平成20年に告示された学習指導要領「特別活動」（小学校は第6章、中学校、高等学校は第5章）の目標を学校種毎に比較してみる。元々、特別活動は「子どもの実態に即す」つまり、子どもから出発する教育活動であるという視点で目標を検討してみたい。

《小学校学習指導要領「特別活動」の目標》
　「望ましい集団活動を通して、心身の調和のとれた発達と個性の伸長を図り、集団や社会の一員としてよりよい生活や人間関係を築こうとする自主的、実践的な態度を育てるとともに、人間としての在り方生き方についての自覚を深め、自己を生かす能力を養う。」

◆この小学校学習指導要領第6章「特別活動」の目標は、①学級活動、②児童会活動、③クラブ活動、④学校行事、以上4つの活動内容・学校行事の目標を総括する目標である。

《中学校学習指導要領「特別活動」の目標》
　「望ましい集団活動を通して、心身の調和のとれた発達と個性の伸長を図り、集団や社会の一員としてよりよい生活や人間関係を築こうとする自主的、実践的な態度を育てるとともに、人間としての生き方についての自覚を深め、自己を生かす能力を養う。」

◆この中学校学習指導要領第5章「特別活動」の目標は、①学級活動、②生徒会活動、③学校行事、以上3つの活動内容・学校行事の目標を総括する目標である。

《高等学校学習指導要領「特別活動」の目標》
　「望ましい集団活動を通して、心身の調和のとれた発達と個性の伸長を図り、

集団や社会の一員としてよりよい生活や人間関係を築こうとする自主的、実践的な態度を育てるとともに、人間としての在り方生き方についての自覚を深め、自己を生かす能力を養う。」

◆この高等学校学習指導要領第5章「特別活動」の目標は、①ホームルーム活動、②生徒会活動、③学校行事、以上3つの活動内容・学校行事の目標を総括する目標である。

　学習指導要領では、子どもの発達段階やその発達特性に応じて特別活動の目標が学校種毎に設定されている。ただ、目標として述べられている文章を比較してみると、幾つか共通するキーワードが見出される。以下の5点である。

---

key word：
① 望ましい集団活動の展開、②個人的な資質（豊かな人間性や社会性）の育成、③社会的な資質（人間関係構築力）の育成、④自主的・実践的態度（社会参画態度）の育成、⑤自己を生かす能力（自治的能力）の育成

　これらのキーワードこそが、各学校の教育課程において意図的・計画的な教育活動として実施されている特別活動の全てを物語っているのである。以下に、この5点についての説明を加えていくこととする。

① 望ましい集団活動の展開

　小学校、中学校、高等学校の特別活動の目標の冒頭に示されている「望ましい集団活動を通して」という意味は、子どもが自主的、実践的に集団活動を展開し、その過程で互いが理解し合い、高め合い、それぞれに全人的発達を遂げ、ひいては自分たちの所属する集団そのものを改善・向上させるような集団的相互作用が機能するような状態を指す。その前提は、相互尊重的関係である。

《集団におけるコミュニケーションタイプ類型》
　タイプⅠ：I am OK. You are OK. ［相互尊重の関係］
　タイプⅡ：I am OK. You are not OK. ［独善的な関係］
　タイプⅢ：I am not OK. You are OK. ［服従的な関係］
　タイプⅣ：I am not OK. You are not OK. ［相互不信の関係］

図2-2 集団におけるコミュニケーション的相互関係

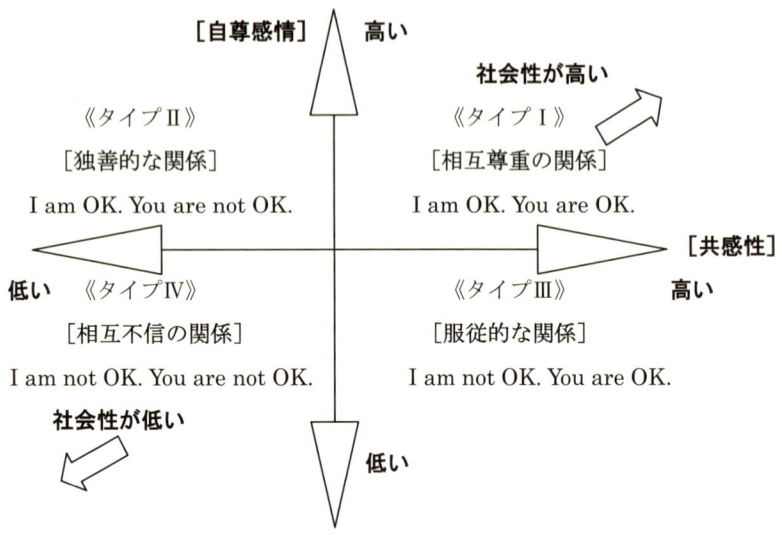

(国分康孝『カウンセリング・ワークブック』 1986年 誠信書房刊をもとに作成)

　図2-2のタイプⅠのような集団的コミュニケーション関係を実現するためには、まず、子どもたちが自主的、実践的に集団活動を展開する中で相互信頼的な関係を構築できることが前提でなければならない。そうでなければ、互いにそれぞれの人格を尊重し合ったり、個性を認め伸ばしたり、互いの良好な人間関係をより伸長したりしようとする相互作用が機能しないからである。

　裏返せば、少数の子どもが活動を支配していたり、子ども相互のなれ合い的な集団活動に終始したりしているならば、そこでは個々の自主性や実践的態度は育成されないし、自己を生かす能力の向上は期待できないということである。

② 個人的な資質の育成

　個人的な資質の育成については、特別活動の目標にある「心身の調和のとれた発達と個性の伸長を図り」という部分に関連する事柄である。ここで述べられている意図は、子ども一人一人の将来的な自己実現(self-actualization)を可

能にするための資質・能力の基礎を育成するという視点の重要性である。

　自己実現とは、自分が志向する目的や理想の実現に向けて努力し、成し遂げることを意味する。米国の心理学者マズロー（A.H.Maslow,1908～1970年）は、「人間は自己実現に向かって絶えず成長する生きものである」と仮定し、人間の欲求を5段階で理論化した。マズローによれば、人間は第1段階の生存の欲求が満たされると、より高次元の段階（階層）の欲求（第2～第4）を求めるようになる。そして、最終的には人間本来の理想としての第5段階の自己実現の欲求を求めるようになるとしている。また、第5段階到達者の中には、さらなる「自己超越」(self-transcendence)段階に至る者も少数ではあるが存在するとマズローは晩年に述べている。

図2-3　マズローの欲求段階図

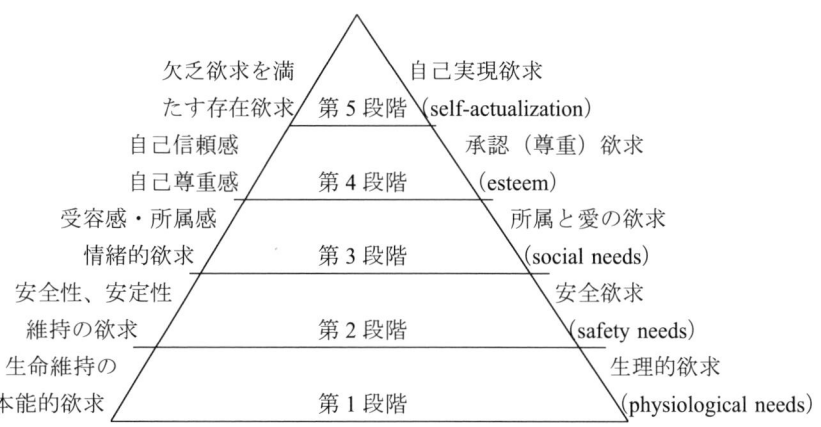

（A. H. マズロー『人間性の心理学』小口忠彦訳　1987年　産能大学出版部を基に作成）

　一人一人の子どもが真の自己実現を目指すためには、それぞれの発達段階に即して自分の個性に気づいたり、それを発揮した時の成就感に浸ったり、さらにそれを活かすための進路を見通したりしていけるようにすることがとても大切である。特に、特別活動においては様々な集団活動を通して、子どもが自己理解を深め、自分の個性に気づき、伸長しようとする主体的態度を育てることが

大切である。

特別活動の目標に掲げられている「個性の伸長」とは、何か特別な人生の高みを目指すことを求めているわけではない。一人の尊重されるべき存在である子どもが、将来的に社会人として、職業人として、家庭人として、一個人として自分の善さを発揮しながら幸福な人生を送ることができるような豊かな人間性、社会性や道徳性、主体的態度の育成を意図しているのである。

③ 社会的な資質の育成

目標に示されている「集団や社会の一員としてよりよい生活や人間関係を築こうとする」という部分は、子どもが自分の所属する集団への連帯感、所属感をもち、集団の一員として自覚しながらその集団生活や社会生活の向上を目指して進んで貢献しようとする態度や能力といった社会性を育成していくことを意図している。もちろん、それは道徳性と相互補完的関係にあり、単独で存在するわけではない。日常生活の中で社会性が望ましいかたちで発揮されるためには、その前提として道徳性の獲得が不可欠であるし、個の内面に培われた道徳性が日常生活の中で望ましいかたちで実践されるためには、その支えとして社会性の獲得が不可欠である。両者に共通するのは、「望ましさ」である。

図2-4 社会性と道徳性の相互補完関係

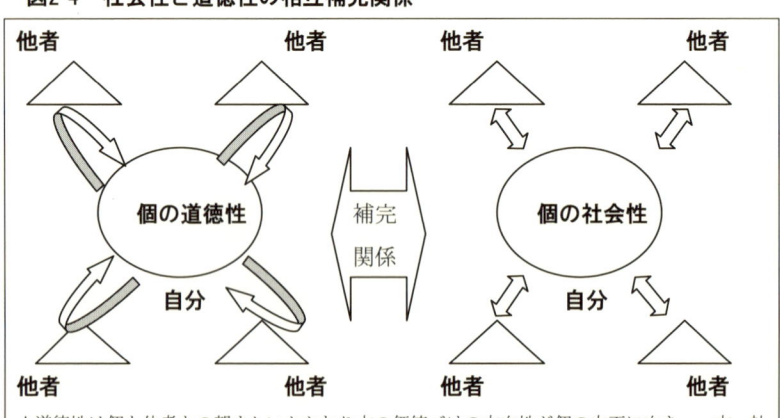

★道徳性は個と他者との望ましいかかわり方の価値づけの方向性が個の内面に向き、一方、社会性は個と他者との望ましいかかわり方の価値づけの方向性が個と他者との関係性に向く。

例えば、小学校段階における学級・学校生活の向上を目指して自分に課せられた役割や責任を果たそうとする態度、一人一人もの見方や考え方が違う他者を受容して互いのよさを尊重し合って協力する態度、集団や社会の規律を遵守しようとする態度、互いの人権を進んで尊重しようとする態度等は社会性の基礎を培うものであると同時に道徳性を育むことそのものである。また、集団生活で各構成員が自分の役割を的確に遂行することで自己存在感が実感されたり、生き甲斐を見いだしたりするといった自己の生き方への気づきを深めることも可能となってくる。さらに、より質の高い集団生活を経験することで、自他の個性を尊重する大切さや、問題解決場面でよりよい生活や豊かな人間関係を築いていこうとする態度や能力といった人間としての生き方についての自覚に基づく自己開発力も培われてくるのである。

　このような特別活動における集団活動の場を通して身をもって学ぶ体験の積み重ねは、「体験の経験化」を個々の子どもの内面にもたらす。つまり、体験は全我的な生丸ごとの感情体験で印象深いものではあるが、それは個人のレベルに留まる直接認識である。それが、意図的・計画的な集団教育活動として展開されると、他者との関わる中で直接認識が整理されたり、他者の捉え方といった客観的事実も付加されたりして、客観的認識へと知的加工を施されることとなる。その客観的認識こそ、社会的存在として生きる人間に不可欠な切実感の伴う「生きて働く力」そのものである。特別活動では、このような「体験の経験化」を通して家庭や地域、社会の一員として望ましい行為を主体的に選択し、自己決定していくための基盤となる豊かな人間関係構築力を培うための態度形成こそが、「社会的な資質の育成」という視点で重要となるのである。

④　自主的・実践的態度の育成

　特別活動において特に強調されるのは、この社会参画に向けた「自主的・実践的態度の育成」である。特別活動では、望ましい集団生活を築くために子ども同士が互いに協力し合って直面する問題を解決したり、自分たちの役割や責任を進んで遂行したりしながら、集団場面を通じて実践的かつ体験的に学ぶ活動が展開される。当然のことであるが、その過程では相互のものの見方・感じ

方・考え方といった価値観の違いから感情的な軋轢や合意形成阻止要因等が様々生じてくる。それが具体的な行為の伴う実践過程では、なおさらである。また、個の内面においても理想とする自己像と現実の自己像との間に「ずれ」が生じて、葛藤に直面することも少なくない。そのような際に、自らの感情や衝動をコントロールする自己制御能力を高め、他者との望ましい関係を構築しながら自己理想を実現するための主体的な選択決定能力、自己を生かそうとする自主的・実践的態度を伸長させることは重要である。このような社会参画への自主的・実践的な態度育成のための意図的かつ計画的なねばり強い指導・支援を行っていくことが特別活動を進める上ではとても大切である。

図2-5　自己概念と自己経験の関係

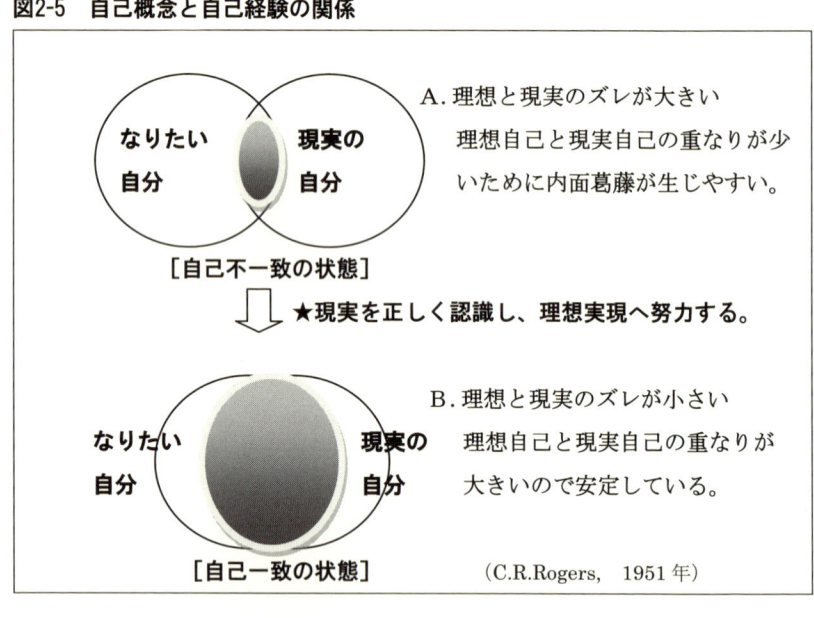

(C.R.Rogers, 1951年)

⑤　自己を生かす能力の育成

　小・中・高等学校学習指導要領「特別活動」の目標に示されている「自己を生かす能力」を育成するためには、どうしてもその前段階となる「自己の生き方についての考えを深め」たり、「人間としての生き方についての自覚を深め」たり、「人間としての在り方生き方についての自覚を深め」たりといった部分

での育みが不可欠である。ここで言う「自己を生かす能力」とは、集団生活や社会生活の中で他者と共生しながらより充実した人生を送ることのできるような自己実現を図る上で求められる自治的能力である。よって、個として勝手気ままに振る舞うことではない。むしろ、個に内在する個性や能力・適性等をしっかり理解すると共に、主体的に物事を選択決定するための判断力や価値観を養い、責任ある行動をすることができるような自治的能力としての「生きて働く力」の育みである。そのためには様々な人の生き方に触れ、自分はどう生きればよいのか、人間はいかに生きるべきかという社会性、道徳性、人間性にかかわる部分での発達段階に応じた自覚化が必要である。言い換えれば、自己理解、他者理解、そして相互理解を促進するという能力が必要となってくる。それが「自己を生かす能力」と説明することができよう。その能力は、集団や社会の一員として諸問題へ積極的に取り組み、適切に思考・判断しながら望ましい解決策を見出していく社会的自立への足がかりとなるものである。

図2-6　Johariの「心の四つの窓」

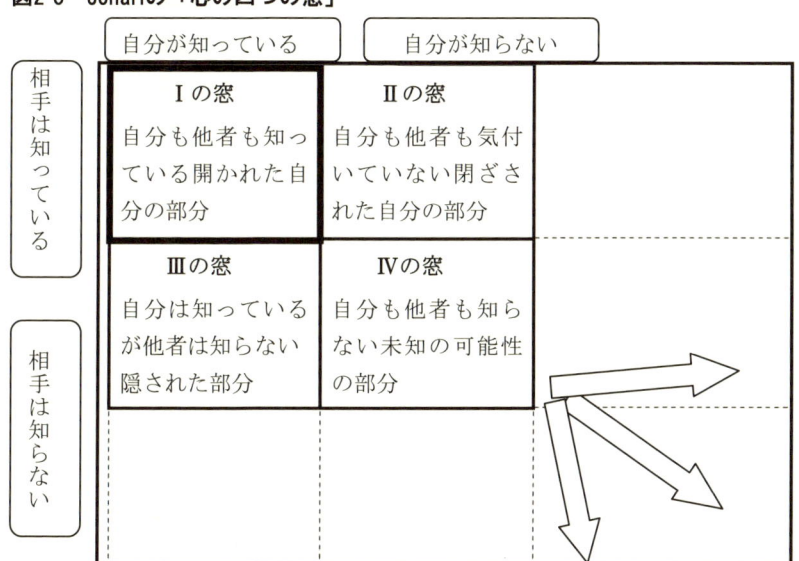

(行動科学実践研究会編『CREATIVE　O.D.　Vol.IV』1984年　プレスタイム刊を参照作成)

図2-6は、「ジョハリの四つの窓」（Joseph Luft & Harrt Ingham 1955年）と呼ばれている「より生きやすいライフスタイル」を構築するための自己理解促進についての模式図である。人間は、個という全体がその必要とされる全ての機能を使って目的に向かって行動していると捉える「個人心理学」の名称で知られるオーストリア出身の精神科医アドラー（A. Adler, 1929年）は、その人らしさとしての「個性」は、日常生活での諸課題に直面した状況を打開する体験を重ね、経験化する過程で更新されながら形作られるとしている。そして、その過程で多くの社会的知識や社会的技術・スキルを身に付けていくこととなる。それは、自分の知らない窓を押し拡げるだけでなく、共に歩む他者を理解しつつ自分をも理解してもらうという互恵的な人間関係構築能力の拡大を意味するのである。

2　特別活動の目的と教育的特性
（1）人間形成のための教育活動
　現代社会は、社会問題、経済問題、環境問題等々の様々な諸課題を抱えている。科学技術の進歩やグローバル化による社会構造の高度化は、果たして人々に限りない未来への可能性と幸福感とをもたらしたのであろうか。これからの時代を生きる子どもたちの明日の社会は、変化が激しく、より複雑な人間関係の中で未知の課題を試行錯誤しながら解決していくことを否応なく迫られるという、より複雑な社会となっていくであろうことは疑いの余地がないところである。その中でも、特に懸念されるのが人間相互の関係性の希薄化である。
　社会構造の変化に伴う核家族化からシングルライフ化への加速度的進行が常態化しつつある今日、人々の生活に忍び寄るのは「孤独に生きる辛さ」である。少子高齢化が叫ばれて久しいわが国の社会にあって、若年層の雇用構造の不安定さ等に起因する非婚率の上昇と相まって、ますます世帯単位での孤立化は日常的なものになっていくと予測される。しかし、人間は本来、支え、支えられる社会的関係性に依存する存在である。よって、人と人とが互いの顔と顔とを見合わせながら共に支え合って生きてきた実名社会が、高度情報化の進展等で匿名化社会に変貌してきたら、社会経験の不足に起因する自分に自信がも

てない自己肯定感の低い子どもや、人間関係構築面での不安から将来への夢や希望を抱けない子どもがますます出現してくることが懸念されるのである。

　人は、人の中でこそ生きられる存在である。「孤児の家」、「ハンセン病患者の家」、「死を待つ人の家」等を設置して貧しい人や病んだ人々を生涯にわたって愛し、支え続けた宗教的人道家のマザー・テレサ（Mother Teresa　1979年、ノーベル平和賞受賞）は、「この世の最大の不幸は、貧しさや病ではなく、だれからも自分は必要とされていないと感じることである」という名言を残している。本来的に人と人が支え合い、人と人との間に生きることにその特質があるはずの人間が、人間社会から疎外されるような文明は例え物質的に恵まれていても、それは本来的に豊かな社会ではないのである。それにもかかわらず、この期に及んでもなお多くの人々に幻想を抱かせている学歴神話を信じて疑わない。学校ではひたすら知識を身に付けて他者を退ければ世間的によいとされる上級学校に入学でき、そのまま無事に卒業したら待遇の恵まれた職場に勤めることができて生涯安泰に暮らせるといった学歴万能の思い込み、学歴幻想は人々の内心では未だ健在である。

　そのような社会の無言のニーズに応えるべく、わが国の学校教育は国際学力調査の結果に一喜一憂し、全国学力調査で公表される成果を金科玉条のごとく崇め奉って行政単位でその番付上昇を目指して一丸となって取り組む現実があるのも事実である。そして不思議なことに、そこには思想的主義主張も、立場の相違による見解の食い違いも表面化しないのである。学力至上主義的な発想からおいそれと脱し得ないわが国の学校教育にあって、教育基本法第1条に謳われている「平和で民主的な国家及び社会の形成者として必要な資質を備えた心身ともに健康な国民の育成」の具現化は容易なことではないと考えるのが妥当であろう。そのような学力向上に直接関与する学習内容を取り扱う内容的目標設定としての教科教育群の中にあって、人間としての在り方や生き方といった人格形成そのものを目的とする方向的目標設定の道徳教育や特別活動等は極めて重要な部分を担う教育活動なのである。仮にそのような人格形成に寄与する教育活動を軽視するような風潮が学校教育関係者の間にあるとするなら、それは「仏作って魂入れず」といった偏ったものとなってしまうのである。

（2）「心即理」の実践哲学としての特別活動

　特別活動という教育活動で目指すものは、人格の完成という高邁な教育目標実現に向けての人間形成である。そこでの教育は、日常的な学校生活の中での望ましい集団活動や体験的な活動を通して将来の実際的な社会で生きて働く社会性や道徳性を実践的に身に付けさせていくことが主たる目的となる。つまり、望ましさの実現という実践力を培うための実践的教育活動であることが何よりも重要なのである。

　実践的であるということは、ただ心動かされてもだめなのである。ただ知識としてただ頭で理解するだけでは、やはり無意味なのである。そして、さらに言うなら、心性や知性の働きの結果として生ずる行為に関しても、ただ機械的に行うだけではだめなのである。かつて中国の明の時代に心と行い、知性と行い、「知行合一」という陽明学を唱えた王陽明の命題に「心即理（しんそくり）」という概念がある。「心」とは、即ち人間の自然な感情や感性的なものを意味する「情意的側面」である。「理」とは、人間の叡智にまで及ぶ知性的なものを意味する「認知的側面」である。そして、「心」があれば「行い」が生じ、「理」があればやはり「行い」が必然的に生ずるという考え方である。「行い」というのは即ち「行動的側面」である。これらが不可分にバランスよく作用すると、「知行合一」という人間にとっての理想的な望ましい状態が出現するのである。特別活動は、まさにこのような望ましさの体現を目指す実践哲学的な教育活動である。

　これらの人間形成としての特別活動において、まず大切にしなければならないのは、自らの将来展望である。将来の自分の生き方についての見通しをもつことで、将来の自分のために自立的に生きる上で必要とされる必資質・能力を身に付けていくという意識化を図っていくことがとても重要である。特に、自分の在り方や生き方の善さや個性を生かしつつ、社会や自然、環境といった「人・こと・もの」とのかかわりの中で共に生きる他者とよりよく生きていこうとする気持ちや態度、スキル等を身に付けていくことで自分自身への肯定的な眼差し、あるいは自分自身への信頼感に基づいた自信を深めていくことが重要なのである。

　しかし、自己への信頼感や自信を育むといっても、そう容易いことではない。

ならば、子どもにとっての自己信頼感の低さ、つまりネガティブな劣等感情とはどのようなものなのであろうか。前出の精神科医アドラーは、自己に対する一括りのネガティブな感情を、器官劣等性、劣等感、劣等コンプレックスといったものに分類した。

《自己に対するネガティブな感情の分類》

◆器官劣等性（organ inferiority）

　自分の意思に基づくものではなく、身体諸器官・身体機能面において客観的に劣っていると認識されること。例えば、伸長が低いとか、走るのが苦手といった場合である。その克服には個として劣っている部分を重要視するのではなく、その個人が固有な特性としてもち優れた部分に着目させる必要がある。

◆劣等感（inferiority feelings）

　その人が他者と自分とを主観的に比較して、自分は他者より劣っていると感じること。その際、ネガティブな感情を誘発するのは自分自身による主観的な自己評価基準である。よって、それを改善するためには、他者の賞賛を得たり、他者評価を知れたりすれば大いに改善されるのである。個としての主観に縛られず、客観的に自己評価できる基準をもつことが劣等感解消となる。

◆劣等コンプレックス（inferiority complex）

　自らの劣等感を逆手にとって、自分が直面する課題を回避しようとすること。例えば、努力したくない子どもが、「どうせ自分は頭が悪いからやっても無駄だ。だから最初からやらない」と言い逃れるようなことである。それは、事実というよりも口実である場合が多いので、決してそうではなく、自分の課題に正対すべきであるという「説得」と「勇気づけ」が必要となってこよう。

　上述の「説得」とは、自他共に納得できる方法を積極的に提示し、それを受け入れさせることである。また、「勇気づけ（encouragement）」とは、アドラー心理学では様々な劣等感情を抱いている対象を励まし、克服しようとする気持ちをもたせることを意味する。例えば、自分が苦手と思っていることを自分の問題として受け止め、困難を克服しようと努力する気持ちを育てることである。よって、ただ褒めることでも、慰めることでも決してない。ネガティブ

な感情を抱く子どもがそれを解決したいと求めていることを真摯に受け止め、望ましい集団活動や豊かな体験活動を通して、多面的な視点から個を支援することがここで言う「勇気づけ」である。「勇気づけ」といった支援を真正面から行える教育活動、まさに人間形成そのものを目的とする方向目標的な教育活動であるところに特別活動固有の特質があるのである。

【第2章の参考文献】
(1) 新富康央編　『小学校新学習指導要領の展開 特別活動編』　2008年　明治図書
(2) 天笠茂編　『中学校新学習指導要領の展開 特別活動編』　2008年　明治図書
(3) 国分康孝　『カウンセリング・ワークショップ』　1986年　誠信書房
(4) A.H.マズロー　『完全なる人間』上田吉一訳　1979年　誠信書房
(5) A.H.マズロー　『人間性の心理学』小口忠彦訳　1987年　産能大学出版部
(6) 平木典子　『自己カウンセリングとアサーションのすすめ』　2000年　金子書房
(7) C.R.ロジャーズ　『パーソナリティ理論（ロージャズ全集 8)』伊東博編訳　1967年　岩崎学術出版
(8) 行動科学実践研究会　『CRRATIVE O.D. Vol.4』　1984年　プレスタイム
(9) A.アドラー　『個人心理学講義』岸見一郎訳　1996年　一光社
(10) R.ドライカース　『アドラー心理学の基礎』宮野栄訳　1996年　一光社
(11) 本間啓二・佐藤允彦編　『改訂　特別活動の研究』　2003年　アイオーエム
(12) 渡部邦夫・緑川哲夫・桑原憲一編　『特別活動指導法』　2009年　日本文教出版
(13) 加澤恒雄　『教育人間学的視座から見た特別活動と人間形成の視点』　2009年　大学教育出版

第3章　特別活動の基本的性格と歴史的変遷

《課題探求の視点》
学校教育における特別活動の歴史的変遷と現行学習指導要領の要点は何か。

1 特別活動の基本的性格
（1）特別活動で目指す学び

　特別活動の教育的意義は、子ども一人一人がその存在を大切にされながら、集団で生活することの意味を実践的に学ぶことにある。そして、その過程においては、集団の一員として一人一人がよりよく生きていくための生活やよりよい人間関係を構築しようとする自主的、実践的な態度やスキルを身に付けていくところにその活動の意味が見いだされるのである。後章でも触れるが、学校の教育課程に位置づく特別活動はその目標にもある通り、まさに「自己の生き方（人間としての生き方）についての考え（自覚）を深め、自己を生かす能力を養う」教育活動そのものである。それはつまり、生徒指導の基本概念としてよく用いられる「自己指導能力」の育成を意図する教育活動そのものでもあるのである。

　このような「自己指導能力」を育む教育活動では、望ましい集団活動や体験的な活動を通して豊かな学校生活を築いたり、公共心や公徳心を養ったり、社会性・道徳性等の人間関係構築力育成が図られたりする。換言するなら、よりよい人間関係構築力の育成、社会参画への態度育成、自治能力の育成、道徳的実践への態度育成等に教育的主眼が置かれるのが特別活動の特質なのである。

　では、このような教育活動は、わが国ではいつ頃から開始されたのであろうか。ちなみに、今日の「特別活動」という名称は昭和22（1947）年に試案が提示され、正式な学習指導要領として示された昭和26（1951）年から数えて3度目となる小学校では昭和43（1968）年に改訂、中学校では昭和44（1969）

年に改訂されて以降である。それまでは、「自由研究」、「特別教育活動」といった名称で同様な教育活動が実践されてきた。ならば、アジア・太平洋戦争以前のわが国では、同様の教育活動が一切なされてこなかったのであろうか。本節では、そのような特別活動に関係する教育活動の歴史的変遷、戦後の学習指導要領に見る歴史的変遷を概観することで特別活動の特質を浮き彫りにしていきたい。

（2）特別活動の基本的性格

ここまで既に述べたように、特別活動はその基本的性格が教科教育と異なり、自主的・実践的な態度を育てる集団活動であり、その指導にあっては学校・地域の実態や子どもの実態に基づく、自主性と創意工夫によって展開されなければならない特別な教育活動（special activities）なのである。

その基本的な性格をより具体的にまとめると以下のような5点に要約される。

《特別活動の基本的性格》

①集団的な学びを促す教育活動

特別活動は、子どもと教師、子ども相互の人間的交流を基盤に成立する集団的教育活動である。それは、教科に包含される知識や技能の体系があり、教科書があって個別的な学びが主体となる教科教育とは一線を画する。特別活動では集団的な活動、他者とかかわり合う活動を通して学び育ち合う「協同的学び」が主体となる。集団活動を想定すると、「教え合う学び」の関係というイメージを抱きがちである。しかし、「教え合う学び」というのはいつも教える側と、いつも学ばされる側に立場が固定しやすい。大切なのは、共に学び合う他者を信頼し、課題を解決するために素直に援助を求めたり、手を差し伸べたりする「さりげない優しさ」を前提とした学び合いの関係を構築することである。

②個としてのよさを育む教育活動

子どもたちの個性は、それこそ一人一人の姿形が異なるように十人十色である。個性とは、よくも悪くもその人らしさを形成する上で必要不可欠な人格的要素である。そのような独自の個性が互いに尊重され、望ましいかたちで発揮されるなら、その集団形成に寄与する面は計り知れないものとなる。

特別活動の学級活動やホームルーム、児童会活動や生徒会活動、クラブ活動、学校行事等の教育活動は、子どもが自分自身の個性を発見し、同時に共に学ぶ他者の個性も発見しつつ尊重し合う態度を具体的に学ぶ機会となる。それは、人格形成の基盤となる個性育成的な教育活動であり、人間関係構築の意味やその在り方を学ぶ教育活動として機能する。

③自主的・実践的な体験主体の教育活動

特別活動はここまで何度も述べているように、「なすことによって学ぶ」ことを前提とした体験的な教育活動である。よって、教科教育のように知識を座学的かつ順序立てて体系的に習得させるといったことができにくい。また、それに伴うスキルも同様である。特別活動での学びは、子ども一人一人が自らの心で感じ、自らの頭で理解し、それが自らの実践へ結びつくという感性、理性、行為が不可分一体になった「分かる」、つまり「心即理」の「生きて働く実践的な学力」の育成なのである。

また、そのような自主的・実践的な学力は、具体性が伴うだけに、実践すればするほど新たな問題点や自己課題を生じさせることとなる。そして、その解決に向けて試行錯誤しながら新たな学びを生み出すこととなる。このような拡大循環型の学び、スパイラル（spiral：螺旋的な連鎖）に高まる学びを生み出す教育活動は、教科教育で時として陥りがちな受動的な学習形態、教師から押しつけられる他律的な学習動機づけによっては成立しないものである。

④社会的適応力育成の教育活動

「教育は、未成年者の体系的な社会化である」と主張したのは、フランスの社会学者デュルケーム（E. Durkheim, 1922 年）である。デュルケームが指摘するように、人間が社会的存在である以上、意図的かつ継続的、組織的な方法論的社会化の過程を経なければ、社会の一員として実践できる資質・能力は身に付けられない。社会の変化に対応できる適応力を身に付けるだけでなく、積極的に社会とかかわり、社会を望ましい方向へ改善しようと働きかける行動力、実践力を自らの内に培っていく必要がある。特別活動での自主性、主体性、実践性を基とした教育活動は、まさに社会的適応力育成の場そのものである。

そのような社会的適応力育成の際に求められるのは、心身共に健全でなけれ

ばならないということである。変化の激しい現代のストレス社会では、身体的に健康であるだけでなく、精神的に健康な状態であることが必要である。社会的適応力の育成は、孤立社会、無縁社会の進行と共に地域や学校、職場、さらには家庭での人間関係が希薄化しつつ今日、自分自身の生き甲斐をもって活躍できる居場所、そこで自分が必要とされる出番がある場所を自ら見いだしていくための前提となる能力である。特に、子どものいじめ問題、若年層の雇用問題、非婚率増加と少子化問題、高齢者医療・介護の問題、歯止めのかからない自殺者問題、過疎化の進行による地域社会の疲弊化問題等々、社会全体の活力が停滞している昨今のわが国では、人間関係が築きにくい状況がある。そんな中で心身共に健康で逞しく自分の未来へ向かって前進していくためには、明日の自分の希望や夢を生み育む原動力となる社会的適応力を自己形成していくことが必須課題となっている。

⑤公民的資質向上を図る教育活動

　特別活動で培うべき公民的資質とは、将来よき社会人として社会にかかわる上で求められる市民性に関係する資質・能力（社会参画する中で課題を発見し、その解決に向けて行動する力）ということである。具体的には、個に認められた権利を自覚的に行使する態度、互いがもつ権利は尊重し合うという態度、地域社会や国家の一員として自らに課せられた様々な義務や社会的責任を適切に理解してそれを履行することのできる人格的能力や態度と説明できよう。

　公民的資質の向上には、これらの内容について正しく理解し、適切に判断したり、行動したりできる認知能力や実践的態度が必要である。学校教育の場にあっては、ともすると子どもの学びが個別化されて捉えられがちである。自らの意思で他者と連携しながら共に学ぶという発想ではなく、閉ざされた自分の明日の目的実現のために学ぶという学びの目的それ自体が個別化される傾向をもつようなことも少なくない。特別活動は、そのような学校教育における閉ざされた学び、閉ざされた人格形成部分を開き、拡大充足するための積極的な役割を果たすものである。従って、公民的資質とは市民社会の一員としての自分、国家を構成する国民であるという自分、この２側面についての個の役割の自覚を進めていくことに特別活動での実践活動の意味が見いだされるのである。

2　特別活動の歴史的変遷
（1）戦前の特別活動的な教育活動

　今日の学校教育における特別活動は、各学校で編成する教育課程の多く時間を占める教科教育指導だけでは補いきれない子ども一人一人の人格形成に寄与する貴重な教育活動の時間として機能している。また、特別活動は子どもたちの学校生活に変化と潤いを与え、豊かな人間関係作りの基盤となる営みとして機能している。

　このような今日で言うところの「特別活動」は、戦前教育ではどのように位置づけられ、どのように実践されていたのであろうか。

　左の2枚の写真は、昭和6（1931）年9月に満州鉄道爆破事件に端を発して15年の長きにわたって続いた日中戦争勃発前夜の昭和初期における市井の尋常小学校での学芸会と運動会の様子を納めたものである。

資料3-1　田島体験学校での学芸会（昭和初期）

資料3-2　宮前尋常小学校での運動会（昭和初期）

　20世紀初頭から世界的なブームとなった教授法改善や子どもの主体的な活動の実現を目指す教育改革運動の潮流は大正デモクラシーを背景にした新自由教育運動として、わが国でも大正時代から昭和初期にかけて全盛期を迎えた。上の写真は、公教育の質的改善を掲げたり、中心統合的教育理論を提唱したりしたことで知られるパーカー（F. W.

Parker 1837～1902 年）やデューイの経験主義教育といった米国進歩主義教育思想の援用が主流であった当時のわが国教育界にあって、シュプランガー（E. Spranger, 1882～1963 年）等のドイツ文化教育学思想を取り入れてわが国体験教育の先駆けとなった神奈川県川崎市の田島尋常小学校における学芸会の様子である。また、その下の写真は田島体験学校の隣接地域に位置していた川崎市宮前尋常小学校での運動会の様子である。同時期のこれらの写真は、拙著『再考―田島体験学校　大正末期～昭和初期新教育運動の検証』（2002 年　川崎教育文化研究所刊）を執筆するにあたり、当時の関係者の聞き取り調査過程で入手したものである。その当時の学校行事や自治活動に参加した児童作文等を散見する限りにおいて、校舎や校内設備環境、子どもたちの服装等はやや時代性を感じさせるが、現代の学習発表会や運動会とその教育的手法に大きな隔たりは感じられないのが正直なところである。

　戦前の学科課程（今日の教育課程）に位置づく教科外活動は、「課外活動」という呼称で総称されていた。今日で言うところの入学式や卒業式等の様々な儀式的行事、運動会や耐寒持久走といった体育的行事、遠足や旅行等の行事、学芸会や文化祭といった文化的行事、寺社仏閣参拝や地域清掃等の奉仕的行事等が現在の特別活動と同様に機能していた。

　戦前教育の淵源は、「教育ニ関スル勅語」（教育勅語）にある。そこに至るわが国の学校教育制度の基礎が固まったのは、明治 18（1885）年に内閣制度が設けられ、文部省が設置されてからである。初代文部大臣となった森有礼（1847～1889 年）は、帝国大学令、師範学校令、中学校令、小学校令（諸学校令）を次々に公布した。その折、小学校は尋常小学校 4 年、高等小学校 4 年の 2 段階と定められ、尋常小学校就学が義務化された。

　明治 23（1890）年に公布された「小学校令」の第 1 条には、「小学校ハ児童身体ノ発達ニ留意シテ道徳教育及国民教育ノ基礎並ニ其生活ニ必須ナル普通ノ知識技能ヲ授クルヲ以テ本旨トス」と記されている。この規定は、アジア・太平洋戦争が勃発した昭和 16（1941）年の国民学校令公布まで続くものである。ここに国家道徳を大義としたわが国の戦前道徳教育の礎が確立されたのである。その際、学校における徳育の大本となり、教育の基本方針となるべく天皇から

国民に下賜(かし)されたのが「教育ニ関スル勅語」、いわゆる「教育勅語」である。ついで、明治24（1891）年制定の「小学校教則大綱」では、「修身ハ教育ニ関スル勅語ノ旨趣ニ基キ」児童ノ良心ヲ啓培シテ其徳性ヲ涵養シ人道実践ノ方法ヲ授クルヲ以テ要旨トス」と述べられている。

　教育勅語は315文字で構成され、主な徳目（評価が定まっているとされる道徳的価値）が12項目（孝行、友愛、夫婦の和、朋友の信、謙遜、博愛、修学習業、智能啓発、徳器成就、公益世務、遵法、義勇）が含まれていた。わが国の徳育教育および学校教育の根本としての教育勅語が教育界に与えた影響力の大きさは、天皇から示された国民への教育方針として、文部大臣へ下賜されるという手続きをとったことにある。国民は必然的に「奉戴(ほうたい)」されたという事実に基づいて強制されることとなり、文部大臣の「勅語奉承に関する訓示」を受けて各学校では印刷謄本(とうほん)が下賜され、奉読式を執り行うこととなったのである。以降、祝祭日には奉読し、訓告する儀式が制度化されたのである。このような「忠君愛国」の天皇制国家主義体制下での特別活動は、課外活動あるいは科外活動と呼称され、儀式、運動会、遠足、学芸会等の教科指導以外の諸活動として今日同様に行われていたのである。

　例えば、儀式的行事では、入学式や卒業式はもちろんのこと、明治24（1891）年に制定された「小学校祝日大祭日儀式規定」には、祝日大祭（皇室関係の国事開催日）には子どもは全員登校して御真影（天皇・皇后の写真）の礼拝、万歳奉祝、教育勅語奉読を行うよう定められていた。また、その2年後には「小学校祝日大祭日儀式規定」が定められ、校門や儀式会場に国旗を掲揚したり、国歌を斉唱したりすることが求められた。その他の行事も同様で、明治期の日清・日露戦争当時の運動会は戦意高揚の目的から、その種目は格闘技、競走競技、体力や耐久力を競う軍事教練的なものが多かった。遠足も整然と隊列を組んで行進するといった軍事的色彩の強いものであった。修学旅行は鉄道網の整備によって大正期から普及したが、伊勢神宮等へ参拝といった国家主義的な目的をもって行われることが多かった。

　ただ、本節冒頭で触れたように、大正デモクラシーを背景に全国で沸き起こった教育改善運動の全盛期、大正初期から昭和8、9年頃までの自由主義教育

の時代は、子どもの自主活動や協同学習的な活動をベースにした学校生活改善のために学校行事が位置づけられることが一般的に行われていた。例えば、演劇や音楽教育に芸術性を求めたり、学校行事を通じて人格教育を促進したりといった今日的な児童中心主義の教育が大きな成果をもたらしていた。学芸会や運動会が子どもたちにとって待ち遠しく、懸命に取り組めるものであったことを先に示した2枚の写真は物語っているのである。

　ちなみに、6文化価値（理論的価値、芸術的価値、社会的価値、宗教的価値、経済的価値、政治的価値）を体験することで全人格的な陶冶を目指した神奈川県川崎市田島尋常小学校は、体験教育は合理主義、主知主義の教育に対峙するものとして、非合理、具体、直観行動の体験的要素を重視する立場から田島体験学校を名乗った。そこでは、体験によって新たな体験へ、生活によって新たな生活へ導く合自然主義的な立場から、子どもの生活、遊戯、作業、個性、社会、郷土というシュプランガーの唱えるところの6価値による「精神形式」が重視され、教科指導カリキュラムにおいても、年間を通じた課外教育カリキュラムにおいてもそのように考慮された教育活動が展開された。特に、注目に値するのが、学校行事等へ積極的に関与する校内自治生活だけでなく、校外生活や地域行事等においてもそれがなされるよう学校内外に異年齢集団としての自治会が組織された点である。

　このように、戦前教育における課外活動の実施内容やその実施形態は時代的な状況、地域や学校の置かれた事情によって千差万別なものであったことが理解されよう。

（2）戦後特別活動の歴史的変遷

　戦後の教育は、戦前の勅令主義に対して日本国憲法や教育基本法といった法令に従って民主的に進められる法令主義とすることができよう。このような民主主義教育の理念から戦前の課外活動を見直し、その教育的意義や教育的価値を再評価しながら目標や内容、指導原理等を試行錯誤して始められたのが戦後の特別活動である。特に、昭和22（1947）年4月からは新制中学校と新制高等学校がスタートしたこともあり、特別活動の重要性が増すこととなった。

《小・中学校学習指導要領「特別活動」の変遷》

年次	小学校	中学校
昭和22年	○試案として示された学習指導要領では、「自由研究」と位置づけられ、第4学年以上に70〜140時間配当された。 ○内容は、教科の発展としての自由な学習、クラブ組織活動、学級の当番や委員会。	○試案として示された学習指導要領では、「自由研究」と位置づけられ、各学年35〜140時間配当された。 ○内容は、教科の自由学習、クラブ組織活動、ホーム・ルーム当番や委員会。
昭和26年改訂	○試案としての性格そのままの学習指導要領で、「教科以外の活動」とした。また、時数設定は、その必要に応じて定めることとなった。 ○内容は、全校単位の児童会、種々な委員会活動、児童集会、奉仕活動があり、学級単位として学級会、いろいろな委員会、クラブ活動。	○試案としての性格そのままの学習指導要領で、「特別教育活動」となった。時数設定は、70〜175時間配当された。 ○内容は、ホーム・ルーム、生徒会、クラブ活動、生徒集会であった。 ★高等学校も同様でホーム・ルーム、生徒会、クラブ活動、生徒集会で、年35週3単位以上であった。
昭和33年改訂	○学習指導要領が法的拘束力をもち、名称も「特別教育活動」となった。授業は毎週適切に時数配当することとなっていた。 ○内容は、①児童活動では A.児童会活動、B.学級会活動、C.クラブ活動、②学校行事では儀式、学芸的行事、保健体育的行事、遠足的行事および安全指導的行事。	○名称は「特別教育活動」のままであるが、学習指導要領に法的拘束力が伴うようになった。標準授業時数は、35時間。 ○内容は、A.生徒会活動(①学校生活の改善・福祉の向上、②生徒諸活動間の連絡調整)、B.クラブ活動(文化的活動、体育的活動、生産的活動等)、C.学級活動(①学級内諸問題の

	③学級活動では学校給食、保健指導、安全指導、学校図書館の利用指導その他学級を中心とし指導する教育活動を適宜行うとした。	処理、②レクリエーション、③心身の健康保持、④進路選択等 ○別領域とされた学校行事の内容は、儀式、学芸的行事、遠足、保健体育的行事、修学旅行、学校給食、その他となった。
昭和43年(小)44年(中)45年(高)改訂	○名称が「特別活動」となり、特別教育活動、学校行事等の内容を人間形成の視点から精選した。週時数は適切に配当する。 ○内容は、①児童活動は児童会活動、学級活動、クラブ活動で構成され、②学校行事は儀式、学芸的行事、保健体育的行事、遠足的行事および安全指導的行事を行うものとし、③学級指導では学校給食、保健指導、安全指導、学校図書館の利用指導その他学級を中心として指導する教育活動を適宜行うとした。	○44年改訂で名称が「特別活動」となり、特別教育活動、学校行事等の内容を人間形成の視点から精選した。標準時数は50時間配当。 ○内容は、A.生徒活動(生徒会活動、クラブ活動、学級会活動)、B.学級指導(個人的適応、集団生活への適応、学業生活、進路選択、健康・安全)、C.学校行事(儀式的行事、学芸的行事、体育的行事、修学旅行的行事、健康・安全的行事、勤労生産的行事)。 ★高等学校改訂は昭和45年で、「各教科以外の教育活動」と称され、第1「ホームルーム」、第2「生徒会活動」、第3「クラブ活動」、第4「学校行事」で構成。単位数は第1、第3の内容に1単位以上配当。
昭和52年改訂	○「目標」を全体として一つに設定し、時数を70時間と明記。 ○内容を A.児童活動(学級会活動、児童会活動、クラブ活動)、	○改訂では小学校同様に、「自主的・実践的態度を育てる」ことを強調した。標準時数は70時間。 ○内容は、A.生徒活動(学級会活動、

	B.学校行事(儀式的行事、学芸的行事、体育的行事、遠足・旅行的行事、保健・安全的行事、勤労・生産的行事)、C.学級活動とした。	生徒会活動、クラブ活動)、B.学校行事(儀式的行事、学芸的行事、体育的行事、遠足・旅行的行事、保健・安全的行事、勤労・生産的行事)、C.学級指導(個人・集団の一員としての在り方、学業生活の充実、進路選択、健康・安全)とした。 ★高等学校は昭和53年に改訂されたが、その内容はA.ホームルーム、B.生徒会活動、C.クラブ活動、D.学校行事で構成された。単位数はAとCの内容に1単位以上配当。
平成元年改訂	○新たに「学級活動」が設けられた。時数は70時間。 ○内容をA.学級活動(学級・学校生活の充実と向上、日常生活や学習への適応・健康や安全に関すること)、B.児童会活動、C.クラブ活動、D.学校行事(儀式的行事、学芸的行事、健康安全・体育的行事、遠足・集団宿泊的行事、勤労生産・奉仕的行事)とした。	○新たに「学級活動」が設けられた。時数は35~70時間。 ○内容をA.学級活動(学級・学校生活の充実と向上、個人・社会の一員としての在り方、学業生活の充実・健康や安全、将来の生き方・進路)、B.生徒会活動、C.クラブ活動、D.学校行事(儀式的行事、学芸的行事、健康安全・体育的行事、旅行・集団宿泊的行事、勤労生産・奉仕的行事)とした。 ★高等学校ではその内容が、A.ホームルーム活動、B.生徒会活動、C.クラブ活動、D.学校行事で構成され、ホームルームとクラブに2単位以上を配当することとした。

平成10年改訂(高)は11年に改訂	○目標、内容、全体の構成には変化がないが、授業時数は35時間に削減された。クラブ活動については、児童会活動や学校行事と同様に適切な時間を充てるとされた。 ○内容はA.学級活動(学級・学校生活の充実と向上、日常生活や学習への適応・健康や安全に関すること)、B.児童会活動、C.クラブ活動、D.学校行事(儀式的行事、学芸的行事、健康安全・体育的行事、遠足・集団宿泊的行事、勤労生産・奉仕的行事)。	○授業時数が35時間に削減された。 ○中学校、高等学校のクラブ活動が廃止された。 ○内容はA.学級活動(学級・学校生活の充実と向上、個人・社会の一員としての在り方・健康や安全、学業生活の充実・将来の生き方・進路)、B.生徒会活動、C.学校行事(儀式的行事、学芸的行事、健康安全・体育的行事、旅行・集団宿泊的行事、勤労生産・奉仕的行事)とした。 ★高等学校ではその内容が、A.ホームルーム活動、B.生徒会活動、C.学校行事で構成され、ホームルームについては毎週1時間年間35時間1単位を配当することとした。
平成15年一部改訂	◆15年の一部改訂は歯止め規定の撤廃、時数確保、個に応じた指導等の強調等で特別活動の内容に関しての変更はない。	◆15年一部改訂については同左。
平成20年改訂	○目標に「人間関係」、「自己の生き方についての考えを深め」が追加され、全体計画を受けて各内容の目標が新設された。 ○各活動(学級活動(1)で「生活」重視、発達段階毎の内容等)・学校行事の内容が改善された。 ○指導計画(全体計画と年間指導計画、道徳的実践指導充実等)改善、内容の取り扱いが改善。	○目標に「人間関係」が追加されると共に、全体計画を受けて各内容の目標が新設された。 ○各活動・学校行事の改善として各活動の内容項目が示された。 ○指導計画作成(全体計画と年間指導計画作成、中学校生活への適応と充実、道徳的実践指導の充実)についての改善が示された。 ○内容の取扱いについての改善。

3　現行「特別活動」の基本方針

　昭和22（1947）年に学習指導要領試案が示されてから、学力低下批判に対応するための平成15（2003）年一部改訂を除けば、平成20年3月（高等学校は21年3月）改訂で7度目の改善となった。既に小学校では平成23年度より、中学校と高等学校では平成24年度より改訂学習指導要領が全面実施されている。特に、「特別活動」については「道徳」と同様に、各学校種で前倒し先行実施されている。

　以下に、現行学習指導要領「特別活動」の要点について小・中学校を中心に述べることとする。

（1）目標における「よりよい生活や人間関係を築くこと」の意義

　今次改訂「特別活動」では、「よりよい生活や人間関係を築こうとする自主的・実践的な態度を育てる」という教育活動であることをより一層明確にするために、その文言が目標に明記されている。さらに、小学校では「集団の一員として」、中学校では「集団や社会の一員として」協力し合いながら学校生活の充実と発展に主体的にかかわることを目指す教育活動としての意義を明確にしている。

　また、小学校では道徳的実践指導の充実を図る観点から、「自己の生き方についての考えを深め、自己を生かす能力を養う」という一文が追加・強調されている。「自己の生き方についての考えを深め」という記述は、小学校学習指導要領第3章「道徳」の目標に示されている内容と同一である。ただ留意したいのは、道徳教育のために特別活動があるのではなく、特別活動での道徳的実践指導の働きかけと道徳教育での道徳的実践力育成の指導の働きかけとが相互補完的に車の両輪のように機能してこそ、子どもの望ましい人格形成に寄与するものであるという点への理解である。

（2）全体目標から各内容・学校行事目標へと体系化する意図

　今次改訂「特別活動」では、全体の目標を受けて各内容の目標を示すことで、それぞれの教育活動のねらいと意義をより鮮明にしている。そして、各活動・

学校行事を通して育てたい態度や能力を目標として新たに示している。指導に当たっては、育てたい資質・能力、態度等に十分留意する必要がある。
　①小学校「特別活動」
(特別活動全体の目標)
　望ましい集団活動を通して、心身の調和のとれた発達と個性の伸長を図り、集団の一員としてよりよい生活や人間関係を築こうとする自主的、実践的な態度を育てるとともに、自己の生き方についての考えを深め、自己を生かす能力を養う。
(学級活動の目標)
　学級活動を通して、望ましい人間関係を形成し、集団の一員として学級や学校におけるよりよい生活づくりに参画し、諸問題を解決しようとする自主的、実践的な態度や健全な生活態度を育てる。
(児童会活動の目標)
　児童会活動を通して、望ましい人間関係を形成し、集団の一員としてよりよい学校生活づくりに参画し、協力して諸問題を解決しようとする自主的、実践的な態度を育てる。
(クラブ活動の目標)
　クラブ活動を通して、望ましい人間関係を形成し、個性の伸長を図り、集団の一員として協力してよりよいクラブづくりに参画しようとする自主的、実践的な態度を育てる。
(学校行事の目標)
　学校行事を通して、望ましい人間関係を形成し、集団への所属感や連帯感を深め、公共の精神を養い、協力してよりよい学校生活を築こうとする自主的、実践的な態度を育てる。
　②中学校「特別活動」
(特別活動全体の目標)
　望ましい集団活動を通して、心身の調和のとれた発達と個性の伸長を図り、集団や社会の一員としてよりよい生活や人間関係を築こうとする自主的、実践的な態度を育てるとともに、人間としての生き方についての自覚を深め、自己

を生かす能力を養う。

(学級活動の目標)

　学級活動を通して、望ましい人間関係を形成し、集団の一員として学級や学校におけるよりよい生活づくりに参画し、諸問題を解決しようとする自主的、実践的な態度や健全な生活態度を育てる。

(生徒会活動の目標)

　生徒会活動を通して、望ましい人間関係を形成し、集団や社会の一員としてよりよい学校生活づくりに参画し、協力して諸問題を解決しようとする自主的、実践的な態度を育てる。

(学校行事の目標)

　学校行事を通して、望ましい人間関係を形成し、集団への所属感や連帯感を深め、公共の精神を養い、協力してよりよい学校生活を築こうとする自主的、実践的な態度を育てる。

　③高等学校「特別活動」（参考）

(特別活動全体の目標)

　望ましい集団活動を通して、心身の調和のとれた発達と個性の伸長を図り、集団や社会の一員としてよりよい生活や人間関係を築こうとする自主的、実践的な態度を育てるとともに、人間としての在り方生き方についての自覚を深め、自己を生かす能力を養う。

(ホームルーム活動の目標)

　ホームルーム活動を通して、望ましい人間関係を形成し、集団の一員としてホームルームや学校におけるよりよい生活づくりに参画し、諸問題を解決しようとする自主的、実践的な態度や健全な生活態度を育てる。

(生徒会活動の目標)

　生徒会活動を通して、望ましい人間関係を形成し、集団や社会の一員としてよりよい学校生活づくりに参画し、協力して諸問題を解決しようとする自主的、実践的な態度を育てる。

(学校行事の目標)

　学校行事を通して、望ましい人間関係を形成し、集団への所属感や連帯感を

深め、公共の精神を養い、協力してよりよい学校生活や社会生活を築こうとする自主的、実践的な態度を育てる。

（3）学習指導要領「特別活動」に共通するコンセプト

　ここまでの学校種毎の「特別活動の目標」、そして、その下位目標として掲げられている「各活動・学校行事」の目標を概観して見えてくる特別活動の全体計画と年間指導計画作成構想のポイントはなんであろうか。また、これらの目標に連なる内容を概観すると、その指導で留意すべきポイントは何なのであろうか。以下、5点に要約して述べたい。

　①人間関係構築力の育成

　現代は情報化、都市化、少子高齢化等の進行により人間関係が希薄し、好ましい人間関係や望ましい集団活動を通した社会性が育まれていない現状がある。そんな中で対人関係の在り方の未熟さから、いじめや不登校、暴力行為等も顕著になってきている。また、小1プロブレムや中1ギャップといった集団への不適応も指摘されて久しいところである。

　そんな今日の子どもたちの現状を受け、特別活動の目標に「人間関係」の構築が謳われた意義は大きい。上掲のような問題を克服するためには、各学校種における発達段階を踏まえ、子ども相互の望ましい集団生活や体験的な活動をより一層充実させていくことが重要なのである。

　②社会性の育成

　現代の子どもの特徴として、自分に自信がもてなかったり、人間関係に不安を感じていたり、好ましい人間関係が築けなかったりという社会性に起因する対人関係への不適応が指摘されることが少なくない。

　他者とかかわる力を実践的に高めていくためには、様々な体験活動や自分たちの生活改善に向けた話合い（合意形成）活動、年齢を超えた多様な集団活動等を通して身に付けていく必要がある。学校種を考慮するなら、子どもの発達段階に即して、ア．基本的な生活習慣の確立、イ．豊かな人間関係力の形成、ウ．集団活動体験の充実、エ．社会的規範意識の確立、オ．社会体験への自覚、といったことを意図的に進めていくことが重要である。

③体験活動の充実

体験は、豊かな学びの第一歩である。特に間接体験や疑似体験の比重がましている現代社会にあって、自ら五感を存分に発揮してかかわる直接体験は得がたい学びをもたらす。そのような体験活動をより一層効果的に進めるためには、小学校ならば自然の中での集団宿泊活動、中学校なら勤労観や職業観を育む職場体験活動、高等学校なら奉仕体験活動や就業体験活動というように、体験そのものを豊かにすることが肝要である。また、そのような体験活動がより効果的に機能するよう「体験の事後指導の充実」にも配慮していくことが重要である。近年では、PARサイクルと呼ばれる考え方が定着している。

PARサイクルとは、体験が単なる体験に留まらないようにするための体験的学びの意味づけ活動である。学校等で体験活動を進めるにあたっては、まず事前に調べ学習や準備学習をする等の準備段階(Preparation)を設けることが一般的である。これをどの程度充実して子どもたちに意識化させるかで体験段階(Action)での学びの質は雲泥の差となって現れる。さらに、その体験過程での自分はどうであったのかを振りかえる段階(Reflection)をきちんと設けることで得がたい体験は意味づけされ、内容が整理され、豊かな学びとなって獲得されるのである。このようなPARサイクルは、換言するなら「体験の経験化」を促進する体験的学びの最も重要な営みである。

④望ましい勤労観・職業観の育成

昨今のわが国における産業・経済の構造的変化は、雇用や労働形態、生産や流通システムをより一層見えにくくしている。そんな社会状況下で子どもが自分の将来を主体的に選択したり、その実現に向けて努力しようとしたりする意欲や態度を育んでいくことはそう容易なことではない。ここでいう勤労観や職業観とは、自己の在り方や生き方にかかわる価値観形成そのものでもある。勤労観や職業観を育むということは、自分の将来展望を描きながら人間関係を構築する力や社会に参画する態度を養っていくことでもあるので、道徳教育における道徳的価値観形成指導と特別活動における学級活動や学校行事等を介しての実践的指導が深くかかわって有機的に機能するような配慮も重要である。

⑤異年齢集団による交流

　児童会活動や生徒会活動、クラブ活動等で「異年齢集団による交流」といった項目が加えられているが、このような活動への配慮は、ここまでも繰り返し述べてきた「よりよい人間関係を築く力」や「社会に参画する態度や自治的能力」の育成には必要不可欠な要件である。

　このような異年齢集団による交流は、学校内で実現することももちろん可能ではある。しかし、これらの教育的意義をより機能させようと意図するなら、地域内での様々な交流が展開できよう。例えば、小学校なら近隣地域にある保育所や幼稚園に出向き、一緒に遊んだり、絵本を読み聞かせたりするといった交流、中学校であれば、保育所や幼稚園のみでなく、小学校や地域内の高齢者施設との交流へも拡大できよう。児童会活動や生徒会活動に限定するのではなく、学校行事の勤労生産・奉仕的行事の「共に助け合って生きることの喜びを体感し（中学校）、ボランティア活動などの社会奉仕の精神を養う」体験としても有効である。

【第3章の参考文献】
(1) 原清治編　『特別活動の探究』　2007年　学文社
(2) 関川悦雄　『特別活動の基礎と展開』　1997年　啓明出版
(3) 岩本俊郎・浪本勝年編　『資料　特別活動を考える』　2007年　北樹出版
(4) 田沼茂紀　『再考―田島体験学校』　2002年　川崎教育文化研究所
(5) 新富康央編　『小学校新学習指導要領の展開　特別活動編』　2008年　明治図書
(6) 天笠茂編　『中学校新学習指導要領の展開　特別活動編』　2008年　明治図書
(7) 佐藤学　『学校を改革する』　2012年　岩波ブックレット No. 842
(8) E.デュルケーム　『教育と社会学』佐々木交賢訳　1976年　誠信書房

第4章　特別活動と他教育活動の関連

《課題探求の視点》
部活動、生徒指導、他教育活動と特別活動の関連性はどうなっているのか。

1　特別活動と部活動そして生徒指導
（1）特別活動と部活動

　多くの社会人にとって、自らの学校体験を振りかえるとそこで必ずほろ苦い思い出や友の顔と共に鮮明な記憶として蘇ってくるのが中学生時代や、高校生時代に青春を賭けて打ち込んだ部活動の懐かしい日々での自分の姿ではないだろうか。特別活動と言ったら部活動、部活動と言ったら運動部での活動とイメージする人も少なくない。ところが、子どもたちの学校生活の中で大きなウェイトを占める部活動であるにもかかわらず、学習指導要領で定める学校の教育課程には含まれておらず、「教育課程外の学校教育活動」として位置づけられているのが現実である。教育課程外の学校教育活動とは、各学校が長期休業期間中に独自な取組みとして実施する任意参加の補充教室（補習授業等）や水泳指導、それに部活動等が該当し、それに要する時間の配分等は学校の裁量に委ねられている。

　子どもたちの人格形成にとって大きな位置を占める部活動については、平成20年1月の中央教育審議会答申でも指摘されているように「健やかな体の育成」は、教科としての体育（保健体育）や家庭（技術・家庭）において基礎的な身体能力の育成や望ましい食習慣の形成、体育祭・運動会、遠足等の学校行事、運動部を中心とした部活動が相互に関連し合いながら、生涯にわたって運動に親しむ能力や態度の育成に直結している。また、文化的な活動についても同様に教育課程内の教育活動と教育課程外の教育活動が相互に機能し合って「豊かな心の育成」に寄与している。

この答申では、「生徒の自発的・自主的な活動として行われている部活動について、学校教育活動の一環としてこれまで中学校教育において果たしてきた意義や役割を踏まえ、教育課程に関連する事項として、学習指導要領に記述することが必要である」という学校現場の実情を踏まえた言及もされている。ただ、同答申では同時に、「自分に自信がもてず、将来や人間関係に不安を感じている子どもたちに、学級での指導や体験活動、放課後の個別指導などを通じ、他者や社会と向き合うことの確かな手応えを感じさせる時間の確保ができるよう環境整備を行う必要がある」と教科指導のみならず、生徒指導、部活動の指導で教師の負担が増大している現状の改善がなされなければならないという教育行財政的な問題点も指摘している。このような答申の趣旨を踏まえ、平成20年（中学校）・21年（高等学校）改訂の学習指導要領「総則」では、部活動の意義と留意事項が明記されている。

　中学校学習指導要領第1章「総則」第4「指導計画の作成等に当たって配慮すべき事項」2の(13)には、「生徒の自主的、自発的な参加により行われる部活動については、スポーツや文化及び科学等に親しませ、学習意欲の向上や責任感、連帯感の涵養等に資するものであり、学校教育の一環として、教育課程との関連が図られるよう留意すること。その際、地域や学校の実態に応じ、地域の人々の協力、社会教育施設や社会教育関係団体等の各種団体との連携などの運営上の工夫を行うようにすること」と述べられている。また、中学校学習指導要領解説「保健体育編」第3章「指導計画の作成と内容の取扱い」3に示されている「部活動の意義と留意点等」についても触れておきたい。

　生徒の自主的、自発的な参加により行われる部活動について、以下のように述べられている。

① 　スポーツや文化及び科学等に親しませ、学習意欲の向上や責任感、連帯感の涵養、互いに協力し合って友情を深めるといった好ましい人間関係の形成等に資するのが部活動の意義である。

② 　部活動は、教育課程において学習したことなども踏まえ、自らの適性や興味・関心等をより深く追求していく機会であることから、（学習指導要領）第2章以下に示す各教科等の目標及び内容との関係にも配慮しつつ、

生徒自身が教育課程において学習する内容について改めてその大切さを認識するよう促すなど、学校教育の一環として、教育課程との関連が図られるようにすることに留意する。
③ 地域や学校の実態に応じ、スポーツや文化及び科学等にわたる指導者など地域の人々の協力、体育館や公民館などの社会教育施設や地域のスポーツクラブといった社会教育関係団体等の各種団体との連携などの運営上の工夫を行うことについて配慮する。

　主に中学校が中心となろうが、各学校が部活動を実施するにあたってはこのような趣旨を踏まえ、子どもが参加しやすいよう実施形態などを適切に工夫すると共に、休養日や活動時間を適切に設定するなど子どものバランスの取れた生活や成長に配慮することが必要である。

　また、「運動部の活動」については、スポーツに興味と関心をもつ同好の生徒が、より高い水準の技能や記録に挑戦する中で、スポーツの楽しさや喜びを味わい、豊かな学校生活を経験する活動であると共に、体力の向上や健康の増進にも極めて効果的な活動であることにも言及している。このような教育的見地から、子どもが運動部の活動に積極的に参加できるよう配慮することが大切であること、また、子どもの能力等に応じた技能や記録の向上を目指すと共に、互いに協力し合って友情を深めるなど好ましい人間関係を育てるよう適切な指導を行う必要があること等が述べられている。運動部の活動は、主として放課後に行われ、特に、希望する同好の生徒によって行われる活動であることから子どもの自主性を尊重する必要がある点、または、子どもに任せ過ぎたり、勝つことのみを目指したりする活動とならないよう留意する必要もある。

　中学校学習指導要領解説「総則編」第3章第5節13では「部活動は、教育課程において学習したことなどを踏まえ、自らの適性や興味・関心等をより深く追究していく機会であること」を踏まえ、教科「体育」や「保健体育」における指導の一環として基礎的な身体能力の育成を図ったり、体育祭等の健康安全・体育的行事や集団宿泊活動、集会といった特別活動での自主的・実践的な態度の育成と関連づけたりし、学校の全教育活動で PAR サイクルを考慮しながら効果的に取り組むことが何よりも重要である。

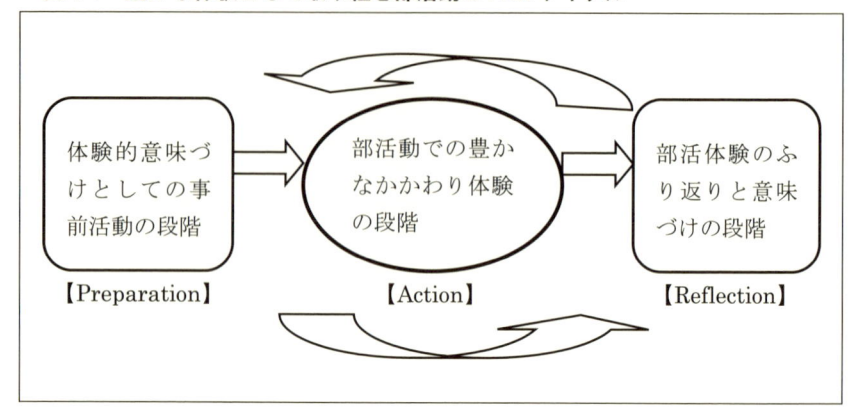

図4-1 豊かな体験として取り組む部活動のPARサイクル

```
┌─────────────────────────────────────────────────────────┐
│                                                         │
│   ┌─────────┐      ┌─────────┐      ┌─────────┐         │
│   │体験的意味づ│  →  │部活動での豊│  →  │部活体験のふ│      │
│   │けとしての事│      │かなかかわり│      │り返りと意味│      │
│   │前活動の段 │      │体験の段階 │      │づけの段階 │      │
│   │階        │      │           │      │           │      │
│   └─────────┘      └─────────┘      └─────────┘         │
│   【Preparation】    【Action】      【Reflection】      │
│                                                         │
└─────────────────────────────────────────────────────────┘
```

　部活動での体験は、単に体力作りや文化体験を重ねるだけの活動ではない。日々の「ひと・こと・ものとのかかわり」は、まさに豊かな学び体験そのものである。人生の中でも特に多感な発達段階に生きる子どもたちにとって、部活動は全我的にかかわる得がたい体験をするのである。そのような体験活動をより一層効果的な学びとするためには、体験の意味づけ活動を丁寧にやっていくことが不可欠である。まず、部活動を進めるにあたっては、事前にそのような活動に自分が何のために取り組むのかという準備段階（Preparation）を設けることが必要である。次に、その体験的意味づけを子どもたちが意識化しながら全力で活動に参加する体験段階(Action)がある。さらに、その体験活動の節目となる学期末、学年末節目で自分の取組みはどうであったのかを振りかえる段階(Reflection)をきちんと位置づけることで部活動が単なる成果追究ではなく、種々の豊かな学び体験となって自己成長に寄与していることを自覚化できてくるのである。

　学校における教育課程内の教育活動としての特別活動と、教育課程外の教育活動としての部活動では自ずとその位置づけは異なるが、子ども一人一人の人格的成長を意図するという点においては同一である。意図的かつ計画的な指導を心がけ、任意ではあるが異年齢集団による子どもたちの自主的・自発的な学び活動の場として機能するよう配慮していくことが大切である。

（２）特別活動で目指す学びと生徒指導
① 生徒指導のねらい

　自らの学校体験における特別活動としての学級活動やホームルーム活動を思い起こすと、そこで取り扱う内容面で生徒指導と重なり合うものが多かったといった印象が強く甦ってくることも多いのではないだろうか。ここでは、特別活動と生徒指導の何がどのように異なり、どのような部分で重なり合うのかを少し整理して考察していきたい。

　まず、特別活動と生徒指導との差異を明確にするために、生徒指導の定義をしておきたい。文部科学省から刊行されている『生徒指導提要』（2010年）では、「生徒指導とは、一人一人の児童生徒の人格を尊重し、個性の伸長を図りながら、社会的資質や行動力を高めることを目指して行われる教育活動」であると述べられている。つまり、生徒指導ではすべての子どものよりよい人格的発達を促し、学校生活がすべての子どもにとって興味深く、充実したものとなることを意図してなされる「機能」である。

② 生徒指導の機能

　子どもの人格形成に寄与する教育的営みとしては、道徳教育や特別活動といった教育課程の「領域」に位置づけられる教育活動がある。それに対し、生徒指導での人格教育的な働きかけは、あくまでも「機能」としてのそれである。よって、学校の教育課程内教育活動での生徒指導と言った場合、各教科指導における生徒指導、道徳の時間における生徒指導、特別活動の学級活動やホームルーム活動、児童会活動や生徒会活動、小学校でのクラブ活動、学校行事等における生徒指導を意味することとなる。さらには、教育課程外の教育活動としての朝の会や帰りの会、業間活動、給食活動や清掃活動、部活動等々での生徒指導も意味する。いわば、全ての教育課程内教育、全ての教育課程外教育を通じて、**①個の可能性を引き出す開発的目的、②不適応・問題行動を未然に防止する予防的目的、③非社会的・反社会的行動を改善する治療的・矯正的目的で総合的に機能するのが生徒指導である**ということになる。

《生徒指導の3機能》
　①一人一人の子どもに自己決定の場を与えること。[自己決定]
　　子ども自身が自分の考えに従って決定し、実行していく自立的かつ自律的な体験をしていけることが大切である。
　②一人一人の子どもに自己存在感を与えること。[自己存在感]
　　子ども同士が互いによさを認め合い、助け合い、励まし合えるような支持的風土の培いが大切である。そして、子ども自身がその中で自分の出番や自分の居場所が実感でき、自己存在感を感じ取れていくことが大切である。
　③共感的な人間関係を基盤にすること。[共感的人間関係]
　　子ども同士が互いに、あるいは子どもと教師が互いに信頼し、認め合える良好な人間関係にあるなら、子どもは自分の生き方に自信をもって明日の希望へ向かって努力していくことができる。子ども一人一人が自己を生かすことができるその前提として、豊かな共感的人間関係が大切である。

　このような「機能」としての生徒指導によって目指すのは、社会的な資質や能力・態度を踏まえた個性の伸長と自己実現を指導・援助しながら「**自己指導能力**」を育成することである。

　これからの時代を生きていく子どもたちは、一人の社会構成員として他者とのかかわりをもたずに生きていくことはできない。そのためには、自他共にかけがえのない存在として尊重し、社会の形成者として他者に尽くすという自覚、認識、意欲・態度等を培う必要がある。このようなねらいを実現させるために、子どもが他者とのかかわりの中で「いかに自分らしく生きるか」ということ、「自分ができる社会貢献は何か」といったことを意識化させていく必要がある。そのような、他者の主体性を大切にしながら自らの主体性を大切にするという態度としての「自己指導能力の育成」が重要なのである。

　このように、自己指導能力とは、「その時、その場でどのような行動が適切であるか自分で決めて、実行する能力」である。その能力を発揮するためには、他者への思いやりある判断力と問題を積極的に解決する行動意欲といった配慮が必要となる。よって子ども一人一人が自己指導能力を自らの内に育むということは、自らの望ましい在り方や生き方を自己実現していく際に不可欠な要素

となる「生き方の羅針盤」を入手するプロセスでもあると言えるのである。

③ 自己指導能力」を育む要素

　子ども一人一人にとって自らの内なる生き方の羅針盤として機能する自己指導能力を育んでいくという生徒指導プロセスでは、子どもが個々のレベルで自分が学校の日常生活の中でどのような行動を取らなければならないかを考える上で求められる以下のような自己形成能力を心に培っていくことでもある。

A. 情報選択能力

　自分の望ましい生き方を方向づけるための情報を収集・選択する能力。

B. 課題発見能力

　自分が今抱えている解決すべき課題は何なのかを発見する能力。

C. 問題解決能力

　自己課題を解決するための見通しや具体的な方法を考える能力。

D. 自己決定能力

　自己課題解決に向けて情報を取捨選択しつつ、一歩踏み出す能力。

E. 感情統御能力

　自己課題解決プロセスで生ずる困難さの中で感情を統御する能力。

F. 主体的思考・判断・意思力

　自らの問題は自ら解決しなければならないという意思力を前提に、冷静かつ分析的にトータルな視点から思考・判断する能力。

G. 人間関係調整能力

　望ましい自己課題解決に向けて、良好な人間関係を前提に他者の援助も受けながら取り組んでいこうとするかかわり能力

④ 発達課題を踏まえた指導・援助

　生徒指導は、子ども一人一人の自発的かつ主体的な成長・発達の過程を援助する営みである。よって、生徒指導は子どもにただ望ましい行動内容を教えるといった一方向的かつ教師主導的な指導のみに留まらず、子ども自身が自らの問題に気づき、教師の力も借りながら主体的に考えて行動することを促すよう

な指導・援助が重要なのである。その際に求められるのが、教師の受容的かつ支援的な態度と発達課題への正しい認識である。

子どもと教師の信頼関係（仏／rapport：心の通った関係）は、親子関係とは異なり、学校教育という社会制度の中で成立する特別な人間関係で、子どもの発達段階によってもその関係構築の特徴は一様ではない。以下は、岸田元美（1983年）による先行研究「子どもの教師認知と態度」の要約である。

表 4-1　子どもの発達段階による教師認知・態度

段階＼特徴	教師へ期待するもの	教師に対する理解	教師に対しての態度
小学校低学年〜中学年	母親的な教師像（優しさ、包容力）	絶対視・偶像視（教師は絶対的権威）	愛情的期待と畏敬（親和的・依存的）
小学校中学年高学年	父親的な教師像（公平さ、熱心さ）	教師への批判視（批判的態度芽生え）	信頼と批判（信頼、肯定、批判）
中学生〜高校生	専門家的教師（厳正、熱心な学習指導者、人生の先達的教師）	理想像の追求と現実的ずれの発見、一人の人間としての受容	反抗と性愛的思慕（反抗、批判、否定、独立、閉鎖、憧憬）

（小泉令三編『よくわかる生徒指導・キャリア教育』2010年、ミネルヴァ書、p.31を参照作成）

子どもと教師の関係は、表4-1のように子どもの発達段階によって変化する。「発達課題」という用語は、米国の教育学者ハヴィガースト（R.J.Havighurst, 1953年）によって提唱された個人が健全な発達を遂げるために、それぞれの時期で果たさなければならない課題、つまり、個人の成長・発達過程で生ずる課題（developmental task）という概念である。

発達課題は人生におけるそれぞれの時期に生ずる課題で、それを達成すればその人は幸福で充実した生活を手にし、次の段階の発達課題達成も容易になるが、そこで達成できなかった場合はその人は不幸さと挫折感を味わい、社会からも承認されず、次の段階の発達課題を成し遂げるのも困難となるのである。それぞれの人生段階での課題は、歩行の仕方を学ぶといった身体的成熟から生ずるもの、読み・書き・計算といった学習や社会的に責任ある行動の仕方を学

ぶといった社会から要請される社会的・文化的なものから生ずるもの、職業選択や社会的自立への準備、社会的・道徳的価値観形成といった個人の望ましい在り方や生き方を規定する過程で生ずるもの、これら3要素から構成される。もちろん、多くの場合においてこれら3要素は緊密に関係し合い、個の成長・発達過程でどうしても越えなければならないハードルとなっているのである。

　学校教育にあって、教師が心身の変化が著しい子どもたちを的確に理解し、各段階における最適な指導・援助を行っていくためには、各段階における発達課題それぞれの意味と特徴を捉え、確実に達成させていくことが人格的成長に反映されていくことを十分に理解して指導・援助にあたっていく必要がある。

　なお、ハヴィガーストは、①乳幼児期（歩く、食べる、話す、排泄、性差的慎み、人間関係、善悪・良心の学習段階）、②児童期（日常の身体的技能、交友関係、社会的役割、基礎的学力の習得、良心・道徳性等の獲得、社会的適応学習段階）、③青年期（対人関係スキル習得、性差による社会的役割達成、情緒的独立、経済的自立、職業選択・結婚・家庭生活の準備、市民、社会人としての価値観・倫理観の獲得等）、④壮年期（職業生活、結婚、育児、家庭の心理的・経済的・社会的管理、社会的責任の遂行等）、⑤中年期（市民的・社会的責任達成、経済力維持、子どもの教育、余暇の充実、配偶者等との信頼関係、心身的変化の受容、老父母の世話等）、⑥老年期（体力・健康の衰退、経済的減少、同年代との親密な関係性、社会的・市民的義務の遂行、老年生活への対応、死の受容と受入準備）と人生を6段階に区分した。

　それに対し、ドイツ生まれで米国を舞台に活躍した精神分析学者のエリクソン（E. H.Erikson, 1959年）は人生を8段階に区分し、それぞれに発達課題と心理社会的危機（psychosocial crisis）、重要な対人関係、心理社会的様式を設定した。エリクソンは、人生の発達段階をⅠ期：乳児期（基本的信頼VS不信）、Ⅱ期：児童前期（自律性VS恥、疑惑）、Ⅲ期：遊戯期（積極性VS罪悪感）、Ⅳ期：学齢期（勤勉VS劣等感）、Ⅴ期：青年期（同一性VS同一性拡散）、Ⅵ期：前成人期（親密さVS孤立）、Ⅶ期：成人期（生殖性VS自己没頭）、Ⅷ期：成熟期・老年期（統合性VS絶望）という対極的な言葉で表した。

　この中で特に中学生や高校生を対象にした生徒指導で関係するⅤ期の「青年

期」段階は、生理学的変化と社会的な葛藤とによる自己概念混乱の時期でもある。自分がどんな人間なのかという自我同一性（ego identity）を確立することが課題となる。ここでの自我同一性の確立に失敗すると役割混乱が起こって同一性拡散（identity diffusion）という病理が生ずる。そうなれば、人格が統一されず、社会への適切な関与ができない状態を生じてしまう。この青年期に位置する子どもたちが自我同一性（identity）の確立を目指して試行錯誤しながら、少しずつ自分の在り方や生き方、価値観、人生観、職業選択・決定し、少しずつ自分自身を社会の中に位置づけていく（社会化）のを生徒指導では指導・援助していくことがとても重要になってくる。

《発達課題の意義と特徴》
A. 発達課題は自己と社会に対する健全な適応を促す不可欠な学習である。
B. 発達課題は一定の発達段階の期間内で学習されなくてはならない。その後も存在し続ける課題ももちろんあるが、その意義は減少していく。
C. 発達課題は、幼児期から老年期に至るまでの各成長段階にある。
 ＊身体的な成熟はある一定の段階に達するとピークを迎え、その後は退行するが、発達は一生涯にわたって継続される性質をもつものである。

ここまでを要約すれば、上記のような意義と特徴をもつ子ども一人一人の発達課題を踏まえ、その機能概念としての生徒指導を学校教育に適切に位置づけていくことが大切なのである。

2　特別活動と道徳教育との連携

小・中学校学習指導要領第1章「総則」第1「教育課程編成の一般方針」の2には「学校における道徳教育は、道徳の時間を要として学校の教育活動全体を通じて行うものであり、道徳の時間はもとより、各教科、外国語活動（小のみ）、総合的な学習の時間及び特別活動のそれぞれの特質に応じて、児童（生徒）の発達の段階を考慮して、適切な指導を行わなければならない」と述べられている。

この文言を額面通りに受け取れば、学校教育における人格形成において重要な部分を担う道徳教育を推進するために各教科や総合的な学習の時間と同様に、

特別活動でも機能していかなければならないということである。しかし、大切なことは特別活動には人格形成にかかわる固有の目標があり、道徳教育も同様なのである。確かに道徳教育では、子どもの道徳的実践力を育成することが大きなねらいとなり、その道徳実践の場が特別活動であるという構図が成り立つ。

育ちゆく対象が一人一人の個性をもった子どもである以上、道徳教育においても、特別活動においても、その方法論は異なってもぶれない人格形成に向けての指導があって然るべきなのである。ただ、重要なことは、道徳教育のために特別活動が教育課程に位置づけられているのでもないし、逆に特別活動が主で道徳教育が従の関係にあるのでもない。つまり、それぞれ固有の目標をもつ教育活動を進める中で、その特質を応じた人格形成作用として機能する大きな括りとしての道徳教育を学校教育全体で意識していくことが重要なのである。

特に、特別活動と道徳の時間との関連については、学級活動の内容と深く関連する道徳の内容項目とを配慮して指導することがより大きな指導効果を生むこととなる。表4-2は、小学校における学級活動の内容と関連の深い道徳の内容項目を対比的にまとめたものである。特別活動においても、道徳の時間においても、低学年、中学年、高学年とその内容が2学年にわたって示されており、整合性をもって関連づけやすいように配慮されている。

また、中学校学級活動の内容については「学級を単位として、学級や学校の生活の充実と向上、生徒が当面する諸課題への対応に資する活動を行うこと」と述べられている。当然、そこには小学校からの発展として、道徳の内容項目である2-(3)「友情の尊さを理解して心から信頼できる友達をもち、互いに励まし合い、高めあう」、2-(4)「男女は、互いに異性についての正しい理解を深め、相手の人格を尊重する」、2-(5)「それぞれの個性や立場を尊重し、いろいろなものの見方や考え方があることを理解して、寛容の心をもち謙虚に他に学ぶ」、2-(6)「多くの人々の善意や支えにより、日々の生活や現在の自分があることに感謝し、それにこたえる」、4-(4)「自己が属する様々な集団の意義についての理解を深め、役割と責任を自覚し集団生活の向上に努める」、4-(7)「学級や学校の一員としての自覚をもち、教師や学校の人々に敬愛の念を深め、協力してよりよい校風を樹立する」等が緊密に関連することに留意すべきである。

表 4-2　小学校学級活動内容と道徳内容項目との関連性

	学級活動の内容	関連の深い道徳の内容項目
低学年	仲よく助け合い学級を楽しくする。	2．主として他の人とのかかわりに関すること (3)友だちと仲よくし、助け合う。 4．主として集団や社会とのかかわりに関すること (4)先生を敬愛し、学校の人々に親しんで、学級や学校の生活を楽しくする。
中学年	協力し合って楽しい学級生活をつくる。	2．主として他の人とのかかわりに関すること (3)友達と互いに理解し、信頼し、助け合う。 4．主として集団や社会とのかかわりに関すること (4)先生や学校の人々を敬愛し、みんなで協力し合って楽しい学級をつくる。
高学年	信頼し支え合って楽しく豊かな学級や学校の生活をつくる。	2．主として他の人とのかかわりに関すること (3)互いに信頼し、学び合って友情を深め、男女仲よく協力し助け合う。 (5)日々の生活が人々の支え合いや助け合いで成り立っていることに感謝し、それにこたえる。 4．主として集団や社会とのかかわりに関すること (3)身近な集団に進んで参加し、自分の役割を自覚し、協力して主体的に責任を果たす。

　ここまで述べたように、この内容は特別活動でとか、道徳の時間の指導で取り上げる内容とか、それぞれを別個のものとして指導するのではなく、その両者の内容面で重なり合う部分は何なのかという関連づけした指導が望まれるのである。なぜそのような指導面での配慮が必要なのかという点に言及すれば、いずれの内容においても学ぶのは「一人の育ちゆく子ども」だからである。子どもは自らの人格的成長につながる学びを、これは学級活動の内容、これは道徳の内容項目と分けているわけではないからである。個として育ちゆく子どもへの配慮ある指導をすることは、学校教育では当然のことなのである。

3 特別活動と他教育活動との関連的指導

　学校の教育課程は、各教科、道徳(高は除く)、外国語活動(小のみ)、総合的な学習の時間によって編成される。当然、それぞれの教育活動は独自の教育的意義と達成すべき固有の目標やねらいをもっている。しかし、それは単独で進められるのではなく、相互に関連し合って全体的調和が実現した時に学校の教育目標、さらに最終的には教育基本法で謳われた子どもの人格の完成を体現するというわが国の教育理念にまで収斂されるのである。

　よって、各教科等の指導にあって、その教育的営みを単独で捉えるのではなく、他の教育活動とどのようにかかわっているのかを指導に当たる教師がどれだけ意識化するかで、その成果も大きく異なってくるのである。

図 4-2　学校教育の目的からみた各教科等と特別活動の関連性

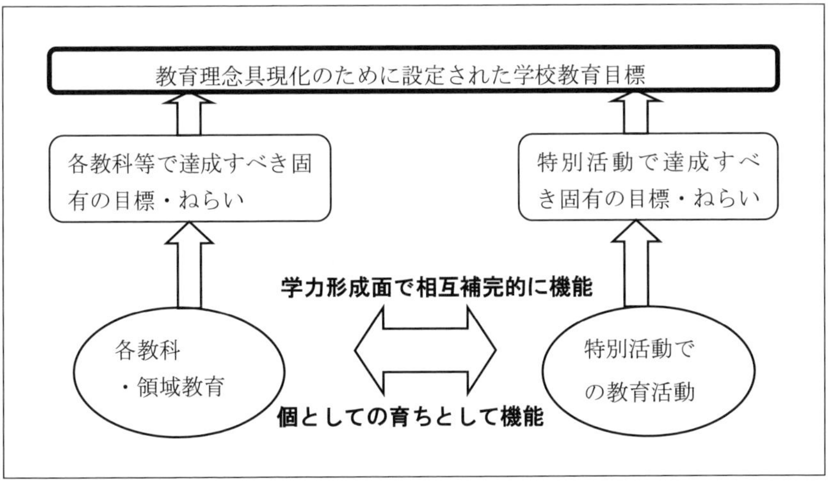

```
        教育理念具現化のために設定された学校教育目標
              ↑                              ↑
     各教科等で達成すべき固           特別活動で達成すべ
     有の目標・ねらい                き固有の目標・ねらい
              ↑                              ↑
                  学力形成面で相互補完的に機能
         各教科         ⇔         特別活動での
       ・領域教育                   教育活動
                  個としての育ちとして機能
```

　特別活動と各教科等での教育活動は直接的・間接的に補い合い、支え合いながら子ども一人一人の人格形成、つまり、「個としての育ち」において相互補完的に機能する関係にあるのである。

　特別活動では子どもの自主的実践的な活動を基盤とするが、これを充実させるためには、各教科等での教育活動で培った知識や技能、表現力、関心・意欲、

態度等が発揮されなければならないのである。また、日常の教育活動にあってはその真逆なことも言えよう。各教科等で子どもの主体的な学びを構成しようと意図するなら、特別活動で培った自主的・実践的な学びの姿勢や態度が発揮されなければならないのは言うまでもないことである。さらに、各教科等での教育活動の前提となるものに思い致す時、そこには子どもと教師、子ども相互の豊かな人間関係がなければならないことに気づくであろう。

　特別活動で進める教育活動は、基本的に具体性の伴う実践活動である。その実践活動は、相互の人間的なかかわりなしに成立し得ないのである。よりよい人間関係、豊かな人間関係を構築し、そのかかわりの中で培った自主的・実践的な学びの姿勢や態度が発揮され、それが相互補完的に機能して各教科等での学びがフィードバックされるという「良好な学びの循環」を生み出すことを心して指導に臨みたいものである。

【第4章の参考文献】
(1) 文部科学省　『生徒指導提要』　2010年　教育図書
(2) 安彦忠彦編　『小学校新教育課程教科・領域の改訂解説』　2008年　明治図書
(3) 日本特別活動学会監修　『キーワードで拓く新しい特別活動』　2010年　東洋館出版
(4) 新富康央編　『小学校新学習指導要領の展開 特別活動編』　2008年　明治図書
(5) 天笠茂編　『中学校新学習指導要領の展開 特別活動編』　2008年　明治図書
(6) 本間啓二・佐藤允彦　『特別活動の研究』　2003年　アイオーエム
(7) 小泉令三編　『よくわかる生徒指導・キャリア教育』　2012年　ミネルヴァ書房
(8) R. J. ハヴィガースト　『人間の発達課題と教育』荘司雅子監訳　1995年　玉川大学出版部
(9) E. H. エリクソン　『アイデンティティ』岩瀬庸理訳　1982年　金沢文庫
(10) E. H. エリクソン　『ライフサイクル,その完結』村瀬孝雄・近藤邦夫訳　1989年　みすず書房
(11) 森谷寛之・田中雄三　『生徒指導と心の教育』　2000年　培風館
(12) 渡部邦雄、緑川哲夫、桑原憲一編　『特別活動指導法』　2009年　日本文教出版

第5章　特別活動の指導計画とその評価

《課題探求の視点》
特別活動の指導計画作成と評価観点設定時における配慮事項とは何か。

1　特別活動の指導計画作成
（1）全体計画と各内容指導計画の統一性

　学校の教育活動は、全て各学校で編成した教育課程によって成り立っている。国民であれば、誰しも義務教育として共通の学校体験を有するわけであるが、その記憶はそれこそ実に多種多様であろう。それぞれの学校がおかれた環境、子どもたちや地域の実態、保護者や地域住民の教育に対する願い、教師の教育理想と教育理念等を包括的に公的なカリキュラムとして編成したのが各学校の教育課程であり、それを体現する過程での様々な特色がそこに学ぶ子どもたちの忘れがたい大切な学校体験の記憶を刻むのである。多くの大人にとって、自らの学校体験を振りかえるとそこに必ず登場する懐かしい日々は、全て意図的かつ体系的な教育課程という教育計画によって成り立っていたのである。

　ここで論ずる特別活動の教育計画とて同様である。特別活動の全体計画や年間指導計画の作成については、小学校学習指導要領第6章「特別活動」、中学校学習指導要領第5章「特別活動」の第3「指導計画の作成と内容の取扱い」1の（1）で以下のように述べられている。

《小学校》
　特別活動の全体計画や各活動・学校行事の年間指導計画の作成に当たっては、学校の創意工夫を生かすとともに、学級や学校の実態や児童の発達の段階などを考慮し、児童による自主的、実践的な活動が助長されるようにすること。また、各教科、道徳、外国語活動及び総合的な学習の時間などの指導との関連を図ると

> ともに、家庭や地域の人々との連携、社会教育施設等の活用などを工夫すること。
> 《中学校》
> 　特別活動の全体計画や各活動・学校行事の年間指導計画の作成に当たっては、学校の創意工夫を生かすとともに、学校の実態や生徒の発達の段階などを考慮し、生徒による自主的、実践的な活動が助長されるようにすること。また、各教科、道徳及び総合的な学習の時間などの指導との関連を図るとともに、家庭や地域の人々との連携、社会教育施設等の活用などを工夫すること。

　このように、特別活動の全体計画や各活動・学校行事の年間指導計画の作成にあたっては、学校の創意工夫を生かすと共に各学校のおかれた実態や子どもの発達の段階などを考慮しつつ、子ども自身による自主的、実践的な活動が助長されるよう配慮していくことが望まれるのである。また、各教科、道徳、外国語活動（小のみ）、総合的な学習の時間等での指導とも関連を図ったり、家庭や地域との連携・社会教育施設等の活用などを工夫したりすることもすることも考慮していくことが大切である。

　改めて言うまでもなく、特別活動の目標は特別活動の各活動、学校行事の実践的な活動を通して達成されるものであり、その指導計画は学校の教育目標を達成する上でも重要な役割を果たすのである。従って、調和のとれた特別活動の全体計画と各活動・学校行事の年間指導計画を全教師の協力の下で作成するようにしていくことが何よりも大切なのである。

①　特別活動の全体計画

　特別活動の全体計画とは、特別活動の目標を調和的かつ効果的に達成するために各学校がそれぞれに作成する特別活動全体にかかわる指導計画のことである。

　この全体計画を作成するに際しては、全教師が指導にあたることが前提であることを念頭に、教師全員の共通理解と協力体制が確立されるよう配慮していくことが必要である。具体的な方策としては、自校における特別活動の役割等を明確に重点目標として設定したり、各活動・学校行事の具体的な指導内容を

一覧表で明示したりすることもよい方法である。また、特別活動に充てる各活動・学校行事の年間授業時数と具体的内容、設置する校内組織や校務分掌も明確に掲示して常に意識化できるようにすることも、机上プランに終わらない全体構想とするため明確にしていく工夫が必要である。

《全体計画に盛り込まれるべき内容例》

 A．特別活動の重点目標
 B．学校のおかれた環境や子どもの実態
 C．子どもの発達段階や特性を考慮した特別活動の基本方針
 D．学級活動、児童会（生徒会）活動、クラブ活動、学校行事の目標
 E．学級活動、児童会（生徒会）活動、クラブ活動、学校行事の全体的内容
 F．特別活動に充てる授業時数や設置する校内組織(校務分掌)
 G．学級活動に充てる授業時数
 H．各教科等との関連
 Ｉ．評価・改善方策等

学校における特別活動の指導計画作成にあたっては、学校の公的な教育課程には位置づけられてこそいないものの、その教育的意義で特別活動と関連が深いものも少なくない。そのような教育課程外の教育活動としての「朝の会」や「帰りの会」、日常に行われている「校内清掃」や「日直」等の当番活動、さらには放課後等に子どもの自主的、実践的な活動として行われる部活動などがあるが、これらとの教育的関連についても特別活動の全体計画に示しておくことが大切である。特に、部活動の教育的な意義等については、中学校学習指導要領第1章「総則」第4「指導計画の作成等に当たって配慮すべき事項」の2の(13)に示されている「学校教育の一環として、教育課程との関連が図られるよう留意すること」と述べられている点を考慮していきたい。

② 各活動・学校行事の年間指導計画

特別活動では、全体計画に基づいて年間を通じた学級活動、児童会（生徒会）活動、クラブ活動（小のみ）、学校行事毎の目標、その内容や方法、指導の流れ、時間の配当、評価方法等を示したものが「各活動・学校行事の年間指導計

画」である。

【学級活動の指導計画】

特別活動全体計画に示された学級活動の基本方針に基づいて、学級の子どもたちの実態に応じたねらいを効果的な指導によって達成していくために作成される年間指導計画である。

その計画には１単位時間毎の取り上げる題材、指導時期、題材設定の理由と意義、指導のねらい、題材の指導展開過程、事前・事後の指導、評価観点と評価方法等の項目を概略的に盛り込むのが一般的である。なお、その際、同じ学級活動といっても集団決定をねらいとする場合と、自己決定をねらいとする場合では、その１単位時間の展開も異なってくるので、その点も明記する。

また、学級活動委員会や係活動等の学級活動の授業以外に行われる活動についても活動毎の指導計画を設定して継続的かつ効果的に活動できるように配慮していくようにする。

【児童会・生徒会活動の指導計画】

一つの活動について多様な展開が想定される児童会活動、生徒会活動にあっては、年間を通じた活動の全体像が明確になるようにすることが大切である。そして、それぞれが有機的に関連し合って展開されるよう、月毎の各組織の活動内容を明記していくようにする。

具体的には、児童会・生徒会役員会、代表委員会や評議員会、各種委員会毎にそれぞれ設定するねらい、活動内容、重点活動、組織、活動上の留意事項等々を明確化した年間指導計画を設定していくことが自主的・自発的な活動を支える大きな力となる。

また、児童会(代表委員会)や児童集会、生徒会総会や生徒集会、地域福祉・奉仕活動やボランティア活動等の児童会・生徒会関連行事においても、その活動のねらい、活動内容、活動実施日と場所、参加対象、役割分担、活動の大まかな流れ、指導上の留意事項等を明記しておきたい。

【小学校クラブ活動の指導計画】

クラブ活動は、自主的・自発的な活動意欲が盛んになる時期である小学校４年生以上の異年齢集団によって構成される。このような意図的な異年齢集団の

中で、個々の子どもが共通の興味・関心を追求する自発的・自治的な継続性の伴う実践活動である。よって、その前提となるのは子ども自身の主体性であり、学年の枠組みを外した集団活動である。それを支える指導計画にあっては、年間や学期、月毎の活動計画と役割分担(自主的な活動組織運営)、協力体制等が明確であることが大切である。

　また、異年齢集団での活動であるだけに、高学年が一方的に活動をリードするのではなく、互いに話合い、協力し合って楽しい活動ができるように配慮していくことが求められる。よって、年間指導計画作成においては、①クラブ活動を進めるための自主的な組織作りやその運営方法、②全員でクラブ活動を楽しめる内容決定の方法、③クラブ活動の成果を披露する方法等々が示されていることが大切である。

【学校行事の指導計画】
　学校行事としての儀式的行事、文化的行事、健康安全・体育的行事、遠足・集団宿泊的行事(中学校は旅行・集団宿泊的行事)、勤労生産・奉仕的行事について、まず行事毎の名称、実施時期、対象学年、内容、指導時数を一覧に示して学校行事の全体像を明らかにしておくことが重要である。

　次に、行事毎に学校全体で円滑に見通しをもって取組めるよう、実施時期順に行事名、対象学年、目標やねらい、主な活動内容、指導上の留意事項、評価観点と評価方法等を明確にしていく必要がある。さらに。それらの行事を実施するにあたっては、ねらいや目的、実施日時、活動実施場所、主な活動内容、役割や活動内容分担、実施の手順、実施経費、安全確保の方法、指導上の留意事項、評価観点と評価方法等を詳細に策定していく。

　特別活動においては、その実施にあたって様々な指導計画の立案が重要である。それは、子どもの人格形成を担うという特別活動の教育的意義やその教育方法的な特質に特色があるからである。特別活動によって子ども一人一人に培われる社会性、道徳性等は個の人格的成長に大きく寄与するものだけに、学校の全教職員がその趣旨や教育的効果を十分に理解して確実に指導できるようにしていくことが重要である。その共通理解を図り、意図的・計画的な指導の目

安となるのが各活動・学校行事の指導計画である。
　そのような機能的役割を有する各活動・学校行事の年間指導計画・個別指導計画作成時に留意すべき事項が、以下の項目である。

《各活動・学校行事の年間計画作成で留意すべき事項》

A．学校の創意工夫を生かす
　特別活動は、実践的な体験活動を伴うことにその特質があることを踏まえ、各学校がそれぞれに立地する地域性や教育的環境および教育要素等の特色を生かした創意ある指導計画を立てて実施することが期待される。そのためには、まず地域や学校生徒の実態等を踏まえ、学校としての基本的な指導方針を定め、それに即した創意ある計画を立てることが重要である。
　各学校の特別活動における教育実践での創意工夫は、地域の特色、学校や子どもたちの実態、これまで積み重ねてきた実践事例や経験についての反省を生かして構築されていくものである。そして、その指導計画作成においては実施のための全教師での校内指導体制の確立や活動時間確保を適切に行っていくことか大切である。

B．学校の実態や子どもの発達段階や発達特性等を考慮する
　子どもの人格形成に寄与するという特別活動の本質的な特質を考慮する、学校や子どもの実態を踏まえて指導計画を作成することは、極めて妥当なことである。もちろん、各教科等における指導計画作成時においても重要なことは改めて言うまでもないことあるが、子どもの自主的、実践的な活動を助長させることを意図する特別活動においては特に重視していく必要がある。子どもの興味・関心、能力・適性等に関する十分な理解に基づき、各学校・各学年における重点目標、指導の内容、活動方法等を明確にしておくことが大切である。
　子どもは、他者との関係の中で自分に気づき、自分を考え、自分との対話を重ねつつ理想自己と現実自己のズレを修正しながら、自己を受け入れて（自我同一性＝アイデンティティの確立）いく。
　義務教育で言えば、小学校低学年段階（幼児期～児童期）で、「仲間に入る⇔入れない」、「好かれる⇔嫌われる」という対人体験を通して人間関係構築力の初歩を学ぶ。そこでのかかわり集団は、「遊び仲間」である。それが、小学校

中学年から高学年になってくると「ギャング・グループ（gang group）」と呼ばれる子ども集団に移行してくる。そこでは、外見的に似た者同士が徒党を組んで自分たちの世界を構築していく。親の言うことよりも仲間との絆を優先し、そこでは互いの絆を維持していくための暗黙裏なルールも生じてくる。次に、中学生段階になってくると「チャム・グループ(chum group)」と呼ばれる興味や関心、生活環境や境遇の似た者同士が孤独を避けて互いの共通点を確認し合いながら仲間内の集団を形成していくようになる。

　さらに義務教育を終えて高校生や大学生になると、外面的だけでなく、内面的にも違う互いに自立した個人として認め合い、共存し合うという分かち合いによる精神的な支えとなるような人間関係としての「ピア・グループ（peer group）」を構築するようになってくる。このような「自分とは何か」という不安定に揺れ動いて自分への確信がもてない「育ちゆく個」を指導・援助をしていくという前提に立つなら、子どもの発達段階や発達特性を最大限に考慮した特別活動の年間指導計画になることは必然的な事実なのである。

Ｃ．子どもの自主的・実践的活動を尊重する

　特別活動においては、教師の適切な指導の下に生徒による自主的・実践的活動が助長され、そのような活動を通じて特別活動の目標達成が図られる教育活動である。その目的の実現を目指すためには、子ども自身による企画・計画立案を支援し、子ども自身が主体的に活動できるような教育活動にしていく必要がある。

　教師主導の押しつけ的な計画では活動意欲が削がれ、特別活動の各内容の目標達成に向けた自主的・実践的な活動が望めないこととなる。「望ましい集団活動」実現に向け、子どもの主体性に基づく活動計画の立案、さらには具体的実践が実現するよう配慮した指導計画にしていくことが大切である。

Ｄ．各教科等での指導との関連に考慮する

　特別活動を展開していく際に重要なことは、道徳や総合的な学習の時間も含めた各教科等での指導と関連させ、それぞれの教育活動で育成した能力が特別活動で十分に活用できるようにすることである。それは同時に、特別活動で培われた共同的で実践的な態度や能力が各教科等の学習でも機能するということ

の裏返しでもある。

　特に、道徳的実践の指導の充実が重視される特別活動においては、「自己の(人間としての)生き方についての考え(自覚)を深め、道徳的実践力を育成する」という両者に共通する目標が示されていることを踏まえ、それぞれの教育活動の特質を生かして積極的に関連づけた指導を図ることが大切である。

　また、特別活動の特質でもある「体験活動」と各教科等での学習活動における相互関連性も重視していくことが必要である。なぜなら、学校における各々の教育活動は単独で存在しているのではなく、一人の子どもの内面で統合されてこその「生きる力」であるからである。よって、各教科等で培った豊かな体験、特別活動で培った豊かな体験が相互に影響し合うことで個の資質・能力としての思考力、判断力、表現力、そしてそれを下支えする基礎的・基本的な知識・技能等が調和的に高められ、生きて働く力として形成されるのである。全教育活動における体験活動を有機的かつ機能的に関連させていくことは、各教科等の目的を達成する上で役立つだけでなく、それぞれの教育活動のねらいの先にある各学校の「特色ある教育活動」の創造にも寄与することとなるのである。それゆえに、各学校の重点教育目標を明確にし、学校や地域、子どもたちの実態を踏まえた全体教育計画とそれに基づく特別活動も含めた各教科等の年間指導計画を作成していく必要があるのである。

E. 家庭や地域の教育力活用を工夫する

　特別活動は具体的かつ実践的な教育活動であるだけに、家庭や地域社会とのかかわりも必然的に多く生じてくる。学級活動はもちろんのこと、児童会や生徒会活動、小学校のクラブ活動、学校行事等々、学校外の人々との連携・協力を抜きにして成立し得ないことも多く存在する。近隣の教育関係諸機関や社会福祉施設、社会教育施設等との連携・活用等も考慮した年間指導計画は、子どもたちにかけがえのない豊かな体験をもたらし、地域や社会の一員としての自覚、他者とも共生する自分の在り方や生き方への自覚も促すこととなる。

　特別活動は、このような家庭や地域等との連携・協力が重要な意味をもつ教育活動であることを前提に、それらの幅広い教育力を活用した学校内外での体験活動を計画していくことが必要であり、地域の自然や文化・伝統を生かした

特色ある教育活動が展開されるよう配慮していくことが大切である。

③ 特別活動の授業時数

各学校が特別活動に充てる授業時数については、表5-1（学校教育法施行規則第51条別表第1）、表5-2（同規則第73条別表第2）に示されている通りである。また、小・中学校学習指導要領第1章「総則」第3「授業時数等の取扱い」においては、以下のように示されている。

> 1 各教科、道徳、外国語活動(小のみ)、総合的な学習の時間及び特別活動（以下「各教科等」という。ただし、1及び3において、特別活動については学級活動（学校給食に係るものを除く。）に限る。）の授業は、年間35週(小学校の第1学年については34週)以上にわたって行うよう計画し、週当たりの授業時数が児童(生徒)の負担過重にならないようにするものとする。ただし、各教科等(特別活動を除く。)や学習活動の特質に応じ効果的な場合には、夏季、冬季、学年末等の休業日の期間に授業日を設定する場合を含め、これらの授業を特定の期間に行うことができる。なお、給食、休憩などの時間については、学校において工夫を加え、適切に定めるものとする。
> 2 特別活動の授業のうち、児童会活動(生徒会活動)、クラブ活動(小のみ)及び学校行事については、それらの内容に応じ、年間、学期ごと、月ごとなどに適切な授業時数を充てるものとする。
> 3 各教科等のそれぞれの授業の1単位時間は、各学校において、各教科等の年間授業時数を確保しつつ、児童(生徒)の発達の段階及び各教科等や学習活動の特質を考慮して適切に定めるものとする。(中のみ)なお、10分間程度の短い時間を単位として特定の教科の指導を行う場合において、当該教科を担当する教師がその指導内容の決定や指導の成果の把握と活用等を責任をもって行う体制が整備されているときは、その時間を当該教科の年間授業時数に含めることができる。
> 4 各学校においては、地域や学校及び児童(生徒)の実態、各教科等の学習活動の特質等に応じて、創意工夫を生かし時間割を弾力的に編成することができる。
> 5 総合的な学習の時間における学習活動により、特別活動の学校行事に掲げる各行事の実施と同様の成果が期待できる場合においては、総合的な学習の時間における学習活動をもって相当する特別活動の学校行事に掲げる各行事の実施に替えることができる。

これら学習指導要領「総則」の規定から特別活動について見えてくることは何であろうか。箇条書きにして示したい。
《特別活動の指導に要する時間確保について》
A．学級活動は年間35時間以上実施するよう計画する
　学級活動の授業時数は年間35週以上(小学校第1学年は34時間)にわたって計画・実施する。また、必要に応じて、夏季や冬季、学年末の休業日等に実施することができる。例えば、夏休み期間中の登校日での指導等はそれに該当しよう。また、給食、休憩時間、清掃等の教育課程外教育活動については、学校の裁量に基づいて適宜計画していくものである。
B．児童会や生徒会・クラブ活動・学校行事は適切な時間を配当する
　児童会や生徒会、小学校のクラブ活動、学校行事も学校の教育課程における特別活動の指導時間である。それらの授業時間数は、各学校で計画する年間授業総時数に含まれることとなるので、法令で定められた各教科等の時数を除外した指導時数として余裕をもって計画する必要があるものである。
C．特別活動は教育課程外教育活動の時間も視野に入れておく
　学校には教育課程内教育活動のみでなく、朝の会や帰りの会、業間休みや休憩時間、給食、清掃、部活動等々の教育課程外教育活動も相互に機能し合って子どもたちにとって豊かで充実した学校生活を構成している。このような教育課程外教育活動と連携して一貫的な指導をしていくことがしやすいのも特別活動の一つの特徴でもある。学校行事前の子どもたちの動きが1日を通して活発になり、日を追う毎に参加意欲が高まるのもそのためである。単なる学校行事の消化という発想ではなく、子どもたちの主体性が発揮され、参加意欲が高まるような学校行事を生み出していくためにも、教育課程外教育活動の時間の有効活用も視野に入れておくことは必要なことである。
D．総合的な学習の時間を学校行事で振り替えできる
　小・中学校学習指導要領「総合的な学習の時間」の目標は、「横断的・総合的な学習や探究的な学習を通して、自ら課題を見付け、自ら学び、自ら考え、主体的に判断し、よりよく問題を解決する資質や能力を育成するとともに、学び方やものの考え方を身に付け、問題の解決や探究活動に主体的、創造的、協

同的に取り組む態度を育て、自己の生き方を考えることができるようにする」となっている。この総合的な学習の時間の目標は、様々な学習活動を想定した場合、特別活動で目指すものと多くの部分で重なり合う。安易な発想での時数的流用はもちろん慎むべきであるが、特別活動の学校行事に掲げる各行事の実施による教育成果と同様のことが期待できる場合においては、総合的な学習の時間における学習活動をもって学校行事に替えることが可能である。

表 5-1　小学校教育課程の構成　(学校教育法施行規則第51条　別表第1より)

区分		第1学年	第2学年	第3学年	第4学年	第5学年	第6学年	合計
各教科の授業時数	国語	306	315	245	245	175	175	1461
	社会	*	*	70	90	100	105	365
	算数	136	175	175	175	175	175	1011
	理科	*	*	90	105	105	105	405
	生活	102	105	*	*	*	*	207
	音楽	68	70	60	60	50	50	358
	図画工作	68	70	60	60	50	50	358
	家庭	*	*	*	*	60	55	115
	体育	102	105	105	105	90	90	587
道徳		34	35	35	35	35	35	209
外国語活動		*	*	*	*	35	35	70
総合的な学習の時間		*	*	70	70	70	70	280
特別活動		34	35	35	35	35	35	210
総授業時数		850	910	945	980	980	980	5636

(備考)
1. この表の授業時数の1単位時間は、45分とする。
2. 特別活動の授業時数は、小学校学習指導要領で定める学級活動(学校給食に係わるものを除く)に充てるものとする。
3. 第50条第2項の場合において、道徳のほかに宗教を加えるときは、宗教の授業時数をもってこの表の道徳の授業時数の一部に代えることができる。

表 5-2 中学校教育課程の構成 (学校教育法施行規則第73条 別表第2より)

区　　分		第1学年	第2学年	第3学年	合　計
各教科の授業時数	国　語	140	140	105	385
	社　会	105	105	140	350
	数　学	140	105	140	385
	理　科	105	140	140	385
	音　楽	45	35	35	115
	美　術	45	35	35	115
	保健体育	105	105	105	315
	技術・家庭	70	70	35	175
	外国語	140	140	140	420
道徳の授業時数		35	35	35	105
総合的な学習の時間の授業時数		50	70	70	195
特別活動の授業時数		35	35	35	105
総授業時数		1015	1015	1015	3,045

(備考)
1. この表の授業時数の1単位時間は、50分とする。
2. 特別活動の授業時数は、中学校学習指導要領で定める学級活動(学校給食に係わるものを除く)に充てるものとする。

　しかし、総合的な学習の時間には固有の目標やそこで目指すべき教育活動がある。それゆえに、学校行事にかかる時間数が多くなってしまったから総合的な学習の時間を流用するといったことは厳に慎むべきであろう。従前からの学校行事の進め方、事前準備や事後整理といったこれまでの慣行になっていたこ

と問い直す等、各行事運営の在り方の検討し、それでも整合性が保てるならば、そこでようやく学校行事としての振替えが可能となってこよう。

（2）特別活動指導計画作成におけるスコープとシークエンス

　各学校の教育的営みは教科教育と教科外（領域）教育とによって教育課程として規定される。そして、そこでの教育内容は法的根拠（学校教育法施行規則第52条（小）、第74条（中））を有する学習指導要領という教育の国家基準に基づいて具体的に編成されることとなる。また、子どもの学校生活の視点から捉えると、このような教育課程内教育活動と朝の会や帰りの会、業間休憩、給食、清掃、部活動等々といった教育課程外教育とが調和的融合性をもって学校生活を形作っていることになる。

　このように、教育課程内教育活動と教育課程外教育活動とが相互に機能し合って学校の教育活動は日々展開されるのである。ただ、それは無意図的なものではない。各学校が掲げる学校教育目標、校是や校訓に至るまで、それが具現化されるには学習者の学びとなる具体性を伴う詳細な内容事項、次の新たな学びを引き出したりする具体的な学習課題や学習体験が用意されていなければならないからである。よって、活動展開まで見据えた教育内容選択原理が働かなければ、各学校で具体的に機能する教育課程編成は叶わないのである。

　さらに踏み込んで述べれば、各学校が具体的な教育活動を伴って機能するための教育計画は、対象校種・対象学年に応じた学びの範囲としてのスコープ（scope）、学びの体系性や順序性としてのシークエンス（sequence）、さらには学習者である子どもの発達段階や実態に即した活動欲求を考慮して決定されなければならないのである。

　もちろん、公教育としての学校教育である限り、その編成過程では国や地方教育行政機関が示す教育方針に従うのはもちろんのこと、学校が置かれている地域性や子どもの実態、保護者や地域住民の思いや願い等も反映されたものとなるよう配慮しながら編成するのは言うまでもないことである。

　このように、法令や文部科学省令、さらには各地方教育委員等の方針を踏まえ、学習指導要領に基づいて地域性や子どもの実態、保護者・地域の要望等を

活かしながら編成される各学校の教育課程ではあるが、そこには編成のための一定の基本原理がある。「学校知」と称される各学校の教育課程の内容は、以下のような原理によって選択・構成される。特別活動とて例外ではない。

《教育内容選択の基本原理》
　①学問的要請・・・より上位の学問的活動をする上で必要とされる内容
　　　　例：医学を学ぶ前提として教科「生物」を履修していること等
　②社会的要請・・・その時代や将来の社会が次世代の構成員に求める内容
　　　　例：国際化、情報化、環境保全、少子高齢化、福祉・健康等
　③心理的要請・・・学習者の発達段階や個性の違いにより必要とされる内容
　　　　例：子どもの興味・関心、学びへの欲求、発達段階との適合性等
　④人間的要請・・・人間の独自性や固有性、他生物との共生を問う内容
　　　　例：人間存在にかかわる倫理、環境、人権、平和等の内容領域

　各学校の特別活動全体教育計画立案の第一歩は、その教育目的を具現化するために設定した目標に従って、学習者である子どもたちが発達段階等に即して身に付けるべき学習内容を学年別、月別、各内容・学校行事別に構造化していくことにある。
　いわゆる、教育課程編成のための内容構成とその順序の確定である。先にも触れた通り、前者はスコープと呼ばれ、後者はシークエンスと呼ばれるものである。このスコープとシークエンスとで構造化されるのが、各学校における教育計画である。教科教育ならいざ知らず、特別活動は子どもの自主的・自発的な活動だからこんなことは関係ないと考えるのは大きな誤解である。望ましい集団活動を通して個人的な資質と社会的な資質を培いつつ、自主的・実践的な態度を効果的に育むことで自己の在り方や人間としての生き方への自覚化、自己を生かす能力の育成につなげるという特別活動の前提があればこその、全体計画、各内容・学校行事の年間指導計画立案なのである。
　スコープとシークエンスが重なり合う部分が学習指導要領で規定された特別活動での学びの内容、つまり、学校教育として全国のどの子どもも共通して学ぶ資質・能力形成のための共通領域部分である。そして、スコープとシーク

エンスの重なりから突出している範囲が共通的な学びから発展（個としての興味・関心に基づく先行的な学びや個別的な学習経験、発展的な学習経験）して学ぶ個人領域の部分となる。その点で、共通領域部分となる学校の特別活動における教育計画をどのように作成するのかという創意工夫によって、子ども個々の個別な学びへと発展する可能性も拡大すると考えられるのである。

つまり、特別活動における各内容・学校行事の指導計画立案においては、その基本要素であるスコープに何を盛り込み、シークエンスとして何をどのように体系づけていくのかと考えていった時、学習者への「学習転移（transfer of learning： ある学習が後の異なる学習促進へ及ぼす影響）」という視点から捉えていく必要があるということである。

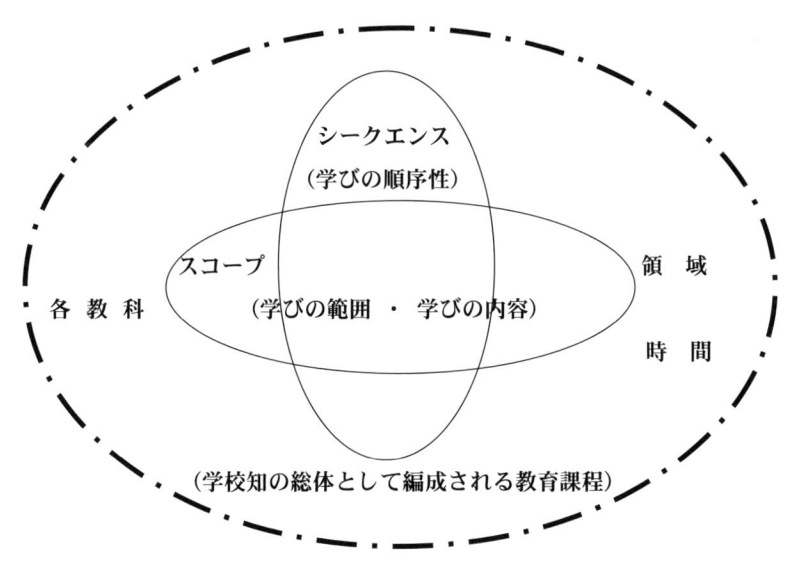

図5-1　特別活動指導計画作成における内容構成の構造

```
           シークエンス
          （学びの順序性）

   各教科    スコープ         領　域
          （学びの範囲・学びの内容）
                              時　間

      （学校知の総体として編成される教育課程）
```

（3）カリキュラム・マネジメント

これまでの学校教育の内容や方法について学んできて、カリキュラム・マネジメント(curriculum management) という用語を聞いたことがあるだろうか。

マネジメントという用語そのものは学校教育の場に限らず、福祉や医療、企業等の生産管理現場において多用されている。それは、各分野において、それぞれの組織が設定した目標の具現化を目的として、その達成のための手段としての組織活動や生産活動を見直し、改善を加えながらより効果的な組織的活動方法にシステムを最適化していく営みである。

　今日の学校教育においても、各学校がただ毎年決まり切った教育活動を展開していくといった旧態依然のことは許されない状況が出現している。当たり前のことではあるが、各学校がそれぞれに自校の理念と独自な教育目標を掲げながら、創意工夫を生かした特色ある教育活動を展開し、社会的な責任を果たしていくことを求められているのである。このような学校に与えられた社会的な役割を果たしていくための前提となるのは、各学校の理念や掲げる目標を体現していく教育課程ということになろう。その教育課程において各教科等でどのような教育計画を編成・実施し、さらにそれらをよりよいものへと改善・再構築していく手法として、カリキュラム・マネジメントが重視されなければならないのである。

　カリキュラム・マネジメントの一連の流れを示すと、①教育課程の立案・編成（Plan：教師の総意を反映して立案）→ ②教育課程の実践（Do：計画に基づいて実践）→③評価活動（Check：実施時期・方法・内容等について評価観点に従って有効性検証）→④教育課程の再編成（Action：評価結果に基づく改善・再編成）という図5-2のようなPDCAサイクルを辿る。

　「子ども一人一人の個性的なよさを引き出し、育み伸ばし、将来にわたって自らのよりよい生き方を志向する資質・能力の育成を図る」と言うことは、とても容易いことである。しかし、それが各学校の特別活動の全体計画として位置づけられ、さらに各内容・学校行事の年間指導計画、各活動計画へと敷衍されて継続的に機能できるようにしていくためには、やはりそこには意図的にカリキュラム・マネジメントを推進するという教師集団の共通認識と強い姿勢がどうしても必要なのである。

　そこで特に押さえどころとなるのは、カリキュラムとして機能させた際に事前に設定した活動目標とその実施結果との因果関係がどうであったのかという

見取りを丁寧に行っていく教師の姿勢である。それは自らの取り組みを批判的に分析・考察することでもある。しかし、子どもにとって最良の教育活動を実現するためには避けて通れない教師の宿命でもある。

図5-2　カリキュラム・マネジメントの基本構造

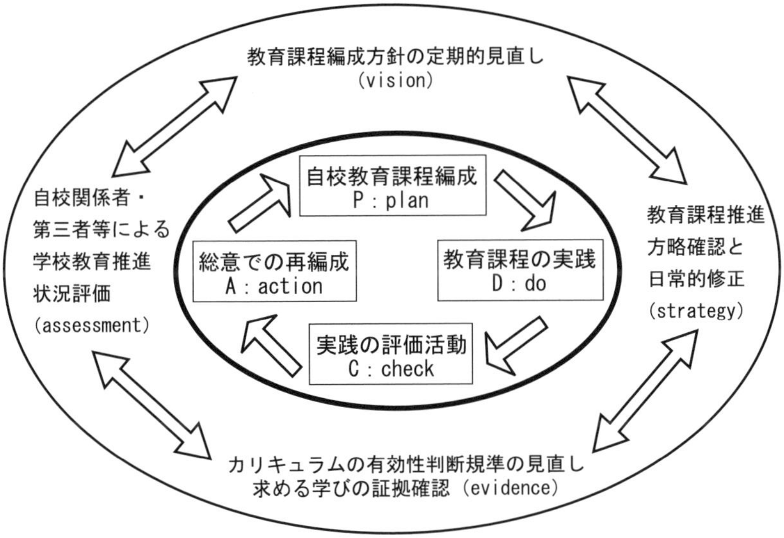

中心のPDCAサイクル：
- 自校教育課程編成 P：plan
- 教育課程の実践 D：do
- 実践の評価活動 C：check
- 総意での再編成 A：action

外円：
- 教育課程編成方針の定期的見直し（vision）
- 教育課程推進方略確認と日常的修正（strategy）
- カリキュラムの有効性判断規準の見直し 求める学びの証拠確認（evidence）
- 自校関係者・第三者等による学校教育推進状況評価（assessment）

　学校教育の世界は、その指導成果が短期間に結実しにくい性質を有している関係で短兵急に結果のみを求めることは適切ではない。特に、特別活動や道徳教育といった子ども個々の内面の育ちを重視する教育活動にあっては、なおさらである。しかし、教師が自らを教師という専門職として位置づけ、自己成長することを自覚するなら、日々の現実的実践の中に身を置いて「行為の中の省察（Reflective in Action）」という経験を基礎にしながら幅広い見識と科学的根拠に基づく教育学的知見を有する反省的実践家（reflective practitioner）でなければならないのは必然であろう。

　なお、図5-2ではPDCAサイクルの外円部分が強調されている。それは言

うまでもなく、学校教育活動でいちばん大切とされなければならないのが教育理念や目的、教育目標であるからである。よって、自分たちの学校は法令や行政方針を前提にしつつも、学校の教育環境や子どもたちの実態、保護者や地域の教育に対する願い等を踏まえた教育理念としての「校是（学校固有の根本精神・創設理念）」や学校教育目標を策定し、常に確認するという手続きがまず必要である。それが、方針決定（Vision）である。次に、それらの校是や学校教育目標を具現化するための方略（Strategy）が必要となってくる。具体的にどのような具現化方策を講ずるのかという手立てをもたない限り、それは画餅に終始してしまうのである。さらには、いくら方針や方略が立派でも、それを具体的に教育活動でどのような成果となって表れればそれが体現できたのかという証拠（Evidence）を予め設定しておかなければならない。このような一連のカリキュラム・マネジメントを機能させるための手続きが、方針の決定（Vision）→方略の策定（Strategy）→証拠の設定（Evidence）→探査的継続評価（Assessment）という、VSEAサイクルである。

　ここで言うVSEAサイクルなど、どの学校でもそれを前提にしているのが当たり前であると考える教師も少なくない。事実、それがなければ本来は特別活動等の教育計画立案はできないからである。しかし、それがカリキュラム・マネジメントを有効に機能させない大きな阻害要因となっていると言っても過言ではない。その理由は、校是や学校教育目標といったものは毎年更新されるような性質のものではないからである。よって、それらありきの前提で安易に各教科等の教育計画作成に着手してしまうことが少なくないから、「仏作って魂入れず」という前提抜きの指導計画に陥りやすいのである。

　特別活動の指導計画作成にあたっては、校務分掌上の担当教師だけでなく、全教職員がVSEAサイクルの視点で毎年問題点の洗い出しとよりよい改善を目指して指導計画修正活動をしていく必要があることを確認しておきたい。

2　特別活動における評価と子ども理解
（1）教育評価の基本的な考え方
　学校教育においては、その歴史や制度等の変遷を踏まえると、以下のような

評価観についての分類ができる。

《教育評価の視点別分類と変遷》

A：量的評価から質的評価へ

◆考査による総合評定から、観点毎に捉えた総和としての分析評定へ移行する。

　a．メジャーメント（measurement）

　　　テストの結果順位や活動の業績等といった定量的側面からの評定。入試等に関する段階評価、能力別学習集団編制等の評価が該当する。

　b．エバリュエーション（evaluation）

　　　評価者の値踏みではなく、そこまでの教育活動を反省・改善するための評価。教育カリキュラムの内容評価等、教師側の視点に立っての評価活動となることが多い。

　c．アセスメント（assessment）

　　　多面的な視点から多様な方法によって改善のための資料を収集する評価。このアセスメント評価は設定目標に照らしての達成度を価値判断するもので、それに基づく改善方策を見いだすこととなる。その点で、アセスメント評価は、学習者の視点に立っての評価となる。

B：他者評価から自己評価・相互評価へ

◆学習者の学習成果を他者がラベリングして価値づけることから、学習者の学びの文脈に寄り添う学習過程重視の評価へと移行していく。

　a．相対評価

　　　学習集団内の成員の得点分布を評価基準とし、それに基づいて個人の学習集団内での相対的な位置を示す評価方法。手続きが簡単で客観性も高く、異質な評価資料間との比較も可能である。ただ、正規分布を前提としているため、あまり少集団の場合は問題がある。また、学習内容に対してどの程度到達したのかという直接的評価はできないために学習者の意欲や努力等を適切に評価し得ない欠点がある。

　b．絶対評価

　　　あらかじめ要求される到達水準（設定された教育目標）を評価基準とし、それに照らして判断する評価方法。客観性という点では評価情報の質によ

ってやや問題も残るが、学習者が目標に対してどの程度到達したかが把握でき、学習者の意欲や努力等も「学びのよさ」として評価しやすい。

c．個人内評価

　学習者本人の他のデータ（基準となる過去の成績や技能レベル、これまでの学びの実績）を評価基準とする評価方法で、評価基準の設定こそ難しいが学習者の進歩の状況がよく分かり、一定スパンでの学習意欲や努力を肯定的に評価しやすい。

　例えば、英語検定で3級だったのが準2級に合格したとか、剣道初段から2段に昇段できたといった外部の客観的評価基準が伴うものから、リコーダー演奏でタンギングが上手になったとか、グループのまとめ役としてリーダー性を発揮するようになったといった、やや曖昧な評価基準のものまで含んでの個人内評価である。よって、設定目標や比較対象としての他者といった評価基準が個人の外にあるのではなく、あくまでも評価対象者個人の努力や資質・能力向上の成果を見取っていく手法である。

C：評価時期と評価目標による分類

◆ 学習を進めていく学びのプロセスの中で学習前の既習経験や学習実態がどのようになっていて、学びを展開したらどのように学習者に成果が現れ、最終的に設定した学習目標に照らしてどのような資質・能力を獲得することができたのかを学習展開過程の文脈で評価していく。

　a．診断的評価

　新しい学習単元や学習プログラムに入る前に実施するもので、指導の参考となる情報収集のための評価である。既習学習定着レベルの確認、学習阻害要因の発見・診断の役割を果たす。また、事後の評価と比較することで、その指導効果確認のための評価基準ともなり得る。

　＊開発プログラム等の効果測定として、事前・事後評価を行ったりすることもある。

　b．形成的評価

　学習単元や学習プログラムの進行途中で実施するもので、そこまでの学習が適切になされ、学習内容が定着しているかを推し量るための評価で、

以降の学習の計画変更や問題点等を探るための役割を果たす。教師の指導法改善にとっても、学習者のその後の発展学習にとっても大切な評価である。

c．総括的評価

学習単元や学習プログラムの終了時点で行う評価である。到達目標に対してそれまでの個々の学びがどうであったのかを確認し、カリキュラム修正のための問題点や到達目標に達しない学習者への個別対応等の情報を得ることになる。総括的評価は、個々の成績（評定）といった側面だけでなく、指導計画の改善、学習者への適切な対応に生かされるべき性格の評価である。

（2）特別活動における教育評価の考え方とその方法

特別活動における評価については、学習指導要領第1章「総則」第4「指導計画の作成等に当たって配慮すべき事項」2の小学校(11)、中学校(12)で、以下のように述べられている。

> 児童（生徒）のよい点や進歩の状況などを積極的に評価するとともに、指導の過程や成果を評価し、指導の改善を行い学習意欲の向上に生かすようにすること。

特別活動における評価の前提は、あくまでも序列化したり、ラベリングしたりすることではなく、一人の人間として成長するための学びの善さ、生き方の善さを見いだし、賞賛し、励まし、さらなる向上を促すものであるということである。つまり、よい点や進歩の状況等を積極的に評価して育み伸ばすという質的評価としてのアセスメント評価が基本となる。さらに、その指導の過程での努力や目標達成に向けた取組みの意欲や努力、その成果も含めて自己評価、他者との相互評価等の手法を用いながら、個人内評価を進めていくことが基本的な評価方法となる。

また、自主的・実践的な特別活動の活動プロセスにおいても、事前準備段階

(Preparation)での意識づけ、活動を通しての体験段階(Action)、活動後の振りかえり段階(Reflection)での変容を、診断的（事前）評価→形成的評価→総括的（事後）評価と PAR サイクルの視点から意味づけさせることで、単なる成果追究のための活動ではなく、種々の豊かな学び体験が自己成長の糧として寄与していることを自覚化させることにつながってくるのである。

　このように、特別活動における評価活動で最も大切なことは、子ども一人一人の人間としての善さや可能性を積極的に認め・励ますようにすると共に、自ら学び、自ら考える力、自らを律する力、他人と共に協調しながら活動できる力といった豊かな人間性を構成する社会性、道徳性等、「生きる力の育成」という視点から評価を進めていくことである。そのためには、子どもが自己活動を振り返りつつ、新たな自分の目標や課題をもてるような評価となるよう、活動結果のみに囚われることなく活動過程での努力や意欲等を積極的に見取るという多面的・総合的に評価を進めることが大切である。

　このような個の成長に視点をおいた特別活動での評価は、結果的に個々の子どもが集団活動を通して自らの実践のよさを知ったり、自信を深めたり、さらには自己課題を見出して実践的向上を目指そうとする活動意欲を喚起することになろう。特別活動における評価の視点として大切にしたいのは、このような子ども自身の自己評価や集団の構成員相互による評価等の方法を多面的に活用する工夫である。

　また、子どもの活動を通しての学びを見取る評価と並行して進めたい取組みは、教師側の指導改善のための評価活動である。子どもの主体的な活動を保証することで学習意欲を喚起し、個性の伸長を目指した実践的活動に取組ませることを特質とする特別活動においては、指導計画の適切性、計画に基づく活動内容の妥当性、次なる改善に向けた活動後の反省といった一連の実施過程のそれぞれの段階で評価を進める必要がある。そして、評価活動を通じて教師が指導計画立案や実施過程での方法等について省察し、より効果的な指導が具現化するよう工夫や改善を図っていくことが大切なのである。

　その際、集団活動を特質とする特別活動においては、子ども一人一人の変容評価のみならず、集団としての発達や集団的変容についても見取っていきたい。

このような集団的評価の結果を手がかりに、次なる活動を計画したり、適切に指導に生かしたりすることが重要なのである。こうした特別活動の評価にあたっては、各活動・学校行事について具体的な評価観点を設定し、評価の場や時期、方法を事前に明らかにしておく必要があることは言うまでもない。

《特別活動での個人的変容と集団的変容を評価する方法》
【個人的変容評価の方法】
●活動記録の活用
　活動毎に記録させる子どもの活動記録カードを活用し、それぞれの過程での個々の記録をその都度見取っていく。その際、ただ記録として留めるだけでなく、適宜その取組みの様子について賞賛や励ましのコメントを記すようにすると継続的な変容の促しとして機能する。
●ふり返りカードの活用
　各活動や学校行事に取組ませた後で、自分の取組みはどうであったのかをふり返りカード等で省察させることが一般的である。その折に子ども自身が自分の取組みをどう自己評価しているのかを記録し、その後の取組みに反映できるようにする。
●活動記録や感想文の活用
　各活動や各行事等での役割分担毎に集まって、子ども相互でふり返りを行っていく。そこで出された感想や意見の発言記録、書かれた文章等を手がかりに変容評価を進めるようにする。
●観察記録法の活用
　子どもの活動状況を教師が事前に設定しておいた評価観点と評価尺度に基づいて段階毎に観察し、記録すると個の変容が比較的に捉えやすい。なお、各活動目標に照らした評価観点や評価尺度の設定は、学年内や行事部会等で検討する等、できる限り客観性を保つようにする。
●質問紙法の活用
　アンケート形式で子ども自身に回答してもらうが、質問事項をただ幾つかの選択肢から選んで回答するだけでなく、自由記述も併用して記述できるようにすると個の変容が浮き彫りになって可視的に捉えやすい。

●面接法の活用
　各活動段階で意図的に問うて記録に留めるのも効果的であるが、観察記録、ふり返りカード等での記述内容を基に面接して問うことがいちばん個の変容を手応えとして捉えやすい。対応可能な限り採用したいものである。

【集団的変容評価の方法】
　●活動記録の活用
　　活動毎に記録させる子どもの活動記録カードを活用し、それぞれの過程での集団的な変化をその都度見取っていく。その際、継続的な変容の見取りができるよう記載項目等を具体的に設定しておくようにする。
　●活動グループや役割分担毎のふり返りカードの活用
　　各活動や学校行事での取組みはグループや複数の係分担といった単位で展開されることが多い。よって、各グループや係単位で自分たちの取組みはどうであったのかをふり返りカード等の活用で省察させることも集団的変容を見届けるためには必要である。
　●活動記録や感想文の活用
　　各活動や各行事等での個々の取組みを、行事新聞や行事文集といった名称で公開すると、集団としてのかかわり方の傾向や今後の課題が見えてくる。個々の活動反省を比較的に分析すると、そこには集団的変容評価にかかわるふり返りの記述が顕れてくる。そのふり返りで出された感想や意見の発言記録、書かれた文章等を手がかりに変容評価を進めるようにする。
　●観察記録法の活用
　　子どもの活動状況を教師が事前に設定しておいた評価観点と評価尺度に基づいて段階毎に観察し、集団的傾向として記録すると変容が捉えやすい。この場合も個の変容観察同様に、各活動目標に照らした評価観点や評価尺度の設定は、学年内や行事部会等で検討する等、できる限り客観性を保つようにする。
　●質問紙法の活用
　　アンケート形式で子ども自身に回答してもらうが、質問事項をただ幾つかの選択肢から選んで回答するだけでなく、自由記述も並行してその時の様子

等の記述ができるようにすると集団的変容傾向が可視的に捉えやすい。
●面接法の活用
　各活動段階での取組み等について、個別に面接して問うと集団としてどうかかわったのか、問題点は何かがダイレクトに手応えとして捉えやすい。

【教師の指導評価の観点】
●学校教育目標の具現化に向けて、特色ある活動が展開されたか。
●全体的に教師の適切な指導が行き渡っていたか。
●子どもによる自主的・実践的な活動を促すことができたか。
●活動を通して子どもと教師、子ども相互の人間関係が深まったか。
●活動を通して学校生活に潤いが感じられたり、改善が図られたりしたか。
●活動内容の偏りや実施時期、支援体制等での不都合はなかったか。
●活動内容や活動組織、役割分担、活動場所等の不備はなかったか。
●保護者や地域住民、地域関係諸機関との連携体制はとれていたか。
●子ども自身が集団への所属意識や連帯感を実感していたかどうか。
●活動を通してメンバー間の望ましい人間関係は構築されていたかどうか。
●子ども自身の自発的・自治的な活動が保証されていたかどうか。
●その活動が子どもの社会性や道徳性を促す機会として機能していたのかどうか。

　特別活動における教育評価は改めてくり返すまでもないが、子ども一人一人の個性を生かし、それを主体的に発揮させながら伸長させてやることである。そして、その評価過程では、自分自身に対する自信を深めたり、進んで望ましい人間関係を構築しようとしたり、将来の自分への夢や希望が保てたりするようにしていくことが大切である。
　学習指導要領で謳われている「生きる力の育み」を特別活動で具現的にイメージすると、そこには「自分は分かる」という思考力・判断力・表現力、知識・理解力、「自分はできる」という技能、「自分で行動する」という実践的関心・意欲・態度が三本の矢のように相互が関連し合って子ども一人一人の内面に貫かれている様子が浮かび上がってくるのである。それを引き出してやることこ

そ、特別活動における教育評価である。特別活動は、眼前の子どもから出発する。子どもは具体的な体験によって自分と生活、自分と集団とのかかわりを意識するようになる。そして、さらなる心動く集団的体験を願望するようになる。教育評価は、「生きる力の育み」への第一歩であろう。

(3) 特別活動の評価記録「指導要録」

　学校がその教育活動を行った結果として、子ども一人一人の学習状況やその成長の様子について評価することは、公教育機関として当然の責務である。

　小・中学校学習指導要領第1章「総則」第4「指導計画作成等に当たって配慮すべき事項」2の（11＊小学校）、（12＊中学校）には、「児童（生徒）のよい点や進歩の状況などを積極的に評価するとともに、指導の過程や成果を評価し、指導の改善を行い学習意欲の向上に生かすようにすること」と述べられている。各学校においては、この趣旨に則って、自校における教育活動の成果を保護者や地域に説明する責任（accountability）があるのである。さらに言えば、ただ説明責任を果たすのではなく、保護者や地域住民に学校教育への関心を向けてもらい、その活動に積極的に参画してもらえるような協動・共創関係を構築できることが理想である。そのような教育的関係を構築する第一歩は、やはり学校行事等を中心とした開かれた特別活動の推進ではないだろうか。

　このような特別活動での教育評価は「指導要録」に記録され、子どもの継続的指導のための評価資料として活用される。ここで言う「指導要録」とは、学校教育法施行規則第24条に規定された教育評価に関する公簿である。その性格は、個々の子どもの学籍ならびに指導過程に即して累積された評価記録原簿である。1971年度版までの学習評価は5段階の相対評価（5と1段階＝7％、4と2段階＝24％、3段階＝38％）であったが、1980年版から「観点別学習状況」欄が絶対評価となり、2001年版から「目標に準拠した絶対評価」となった。

第5章 特別活動の指導計画とその評価　97

資料5-1　小学校指導要録様式2の参考例

資料5-1は、小学校指導要録の様式2の参考例である。特別活動の評価は、学級活動、児童会活動、クラブ活動、学校行事について記録するようになっている。また、中学校指導要録様式2における特別活動の評価も同様に、学級活動、生徒会活動、学校行事について記録するようになっている。さらに、小学校も中学校も共通するが、行動の記録欄には、①基本的な生活習慣、②健康・体力の向上、③自主・自律、④責任感、⑤創意工夫、⑥思いやり・協力、⑦生命尊重・自然愛護、⑧勤労・奉仕、⑨公正・公平、⑩公共心・公徳心、の各項目について評価記録を記載するようになっている。これらの項目は特別活動をはじめ、学校生活全体を通じて行う道徳教育として評価するものである。

(4) 子どもの全体理解と個別理解

特別活動は、目の前にいる子どもから出発することは先に述べた通りである。ならば、その教育活動の主人公とも言うべき「子ども理解」をすることなしに目標は達成されないのではないだろうか。特別活動を進めるにあたっての子ども理解の意義、指導におけるその留意点等についてここでは考察していきたい。

子どもの発見者として知られるスイス出身でフランスの思想家として活躍したルソー（J.J.Rousseau、1712～1778年）は、著書『エミール』の中で、「人は子どもというものを知らない。子どもについてまちがった観念をもっているので、議論を進めれば進めるほど迷路にはいりこむ。このうえなく賢明な人々でさえ、大人がしらなければならないことに熱中して、子どもにはなにが学べるかを考えない。かれらは子どものうちに大人をもとめ、大人になるまえに子どもがどういうものであるかを考えない（『エミール』1762年、岩波文庫、今野一雄訳、上巻、p.18より）」と指摘している。

このような指摘を、教師はどう受け止めるのであろうか。自分が受け持っている子どもたちを前に、「今は、この子どもたちにとってかけがえのない時間であるから、あまり将来的なことばかり早手回しに心配するのは止そう」と割り切れるであろうか。子どもはいずれ大人になる存在である。よって、そこに至る過程ではその時々に社会人として求められる資質・能力を身に付けていかなければならない。そんな存在の子どもを前に、つい親や教師は老婆心で、「今こ

れをやっておかないと」とか、「こんなことができないと、きっと大人になって困る」と気を揉んでしまうのである。その状態は、まさに眼前にいる子どもの姿を見つめながら、実はその背後に幻想となって見え隠れするその子自身の未来を見ているようなものである。子どもを理解することの難しさを教師は常に自戒すべきであろう。

①子どもを理解することの意味

子どもに対して適切な指導を行えるということは、その対象をよく理解していることの裏返しでもある。教育的営みにおいては、眼前の子どもへの理解がまずもって大前提である。

子どもの自主的・自発的な活動を第一義とする特別活動においては、子どもと教師の関係、子ども相互の関係が何よりも重要である。しかし、年齢的にも、生活経験的にも子どもとは異なる体験を有している教師に、果たして的確な子どもの姿など見えるのであろうか。諺に「子ども叱るな来た道じゃ、老人笑うな行く道じゃ」という知られた一句があるが、それは子どもと教師の相互理解の関係に例えることもできよう。大人は自分が辿ってきた人格的成長のプロセスにもかかわらず、知っているがゆえに一言申さずにいられなくなるのである。そして、そのために眼前の現実をつい見落としてしまうのである。高齢者に対しても、やはりそれは未知のことで頭では自分の将来と分かっていても、やはりその現実を冷静に受け止めて見ることはできなくなるのである。教師が子どもを理解すること、簡単なことのようで実は大変難しい課題でもあるのである。

しかし、子どもを理解しなければ、適切な教育指導はできない。ならばどうするのかと言うことになるが、ここは現実的対応をするしかないであろう。つまり、「育み育てられることを必要とする個性」をもった目前の子どものために、教師は善意をもってその個性に応えて理解すればよいのである。善を指向する教師の姿勢こそ、人格形成を意図する特別活動における子ども理解の最善の方策であろうと考えるものである。

②全体的理解と個別的理解

教師が子どもを理解する時、その方法は2通り考えられる。1つは、その発達段階にいる子どもについての心理学的、運動学的、教育学的立場等から理解

する平均的理解の方法であり、もう1つは子ども一人一人の個性について理解する個別的理解である。

《子ども理解の視点》
　平均的理解：科学的見地から進める子ども理解の視点
　個別的理解：かけがえのない存在としての個を理解する視点

　さらには、子ども理解を曇らせる心理学的な知識も教師には必要である。これは実際の社会生活における他者理解においても共通することであるが、そのような教師の誤解や偏見が個々の子どもの本質を歪める要因ともなるので、十分に配慮しなければならない。

《子ども理解を歪める要因》
A. 寛容効果（leniency effect：寛大効果）
　当事者がもっている望ましい特性はよりよいものと受け止め、望ましくない特性もそれほど悪くないと過小評価してしまう教師、保護者の主観的な歪められた子ども理解。
　★教室では、教師の好みや好印象で左右される「えこひいき」である。

B. ハロー効果（halo effect：背光効果）
　ある特定の望ましい特性のみに関心が向き、盲目的思い込みで過大評価してしまう。教師にありがちな背光効果による誤った子ども理解である。
　★〜が出来るのだから、きっと〜や、〜も出来るに違いない。

C. 初頭効果（primacy effect：対概念は最後の印象が残る新近性効果）
　子ども理解や生徒指導で教師が陥りやすい歪みで、初対面での子どもの印象をステレオタイプに感情・感覚的に単純化して思い込んだり、恣意的な類型基準で判断したりしてしまうこと。初対面で会った時の第一印象が大きな影響を与える心理効果である。
　★〜君は、きっと〜できる。〜さんなら、期待に応えてくれるに違いない。

D. 単純化（tabloid thinking：タブロイド思考）
　個としての成長やその育ちのプロセスといった複雑な背景を皮相的に、単純化・類型化して理解しようとする思考のありようである。寛容効果と同様、子どもに特定のレッテルを貼ってしまいがちになる。

★この地域の子どもは、みんな〜だ。〜小学校の子は、昔からこうだ。

E．ピグマリオン効果（pygmalion effect：教師期待効果）

　教師期待効果と呼ばれるもので、これは、子どもが教師を逆に理解す影響を指すものである。子どもが教師や親からの何らかの期待を感じ取って奮起し、期待以上の効果を生むような場合である。しかし、その期待の根拠が乏しい場合、両者間の信頼関係が良好である時はよいが、その関係が歪むと反動は大きい。

　★「〜なら、きっと出来るに違いない。大いに期待しているよ」といった働きかけ。

③子ども理解を進めるための原理

　教師には、目の前にいる子どものよさを見いだし、そのよさや資質・能力を最大限に引き出していくという機能的な役割を負わされている。それは、至極納得できる当然なことであり、教職に就く者はそのような使命感を抱いて教壇に立つのである。しかし、それにもかかわらず、眼前の子どもを見失ったり、歪んで捉えたりしてしまうことが往々にして生ずるのである。教師が生身の人間である以上、これは仕方のないことではあるが、それを回避する最大限の努力を惜しんではならない。以下に示す事柄は、子ども理解を進めるための原理である。

《子ども理解の原理》

　A．客観的理解
　　●主観や偏見に囚われない情報（心理テスト等）で理解・判断する。
　B．内面的理解
　　●表に現れた言行やその特徴から、その内面を推し量って理解する。
　C．共感的理解
　　●個の喜怒哀楽等に寄り添って、感情共有を量りながら理解する。
　D．独自性理解
　　●子ども一人一人の独自的存在理解、かけがえのなさを理解する。
　E．全体的理解
　　●「知情意」といったバランスで子どもの人格全体を理解する。

3 特別活動と学校力・教師力
(1) 学校力としての潜在的カリキュラム

　現代の学校教育に求められているのは、その学校らしさとしての独自性、その学校ならではの特色ある教育活動である。そのような活気と自信に満ち溢れた教育活動を具現化するのが、各学校における公的な教育枠組みとしての教育課程であり、個々の子どもの学びを組織化していく明文化された公的教育カリキュラム(official curriculum)としての顕在的カリキュラムである。それらの顕在的カリキュラムは、各学校が置かれた教育環境（地域性、子どもや保護者の教育への関心度、教師集団の専門性や士気等々）と緊密に関連し合って独自の学校文化を醸成するのである。その時、公的カリキュラムに強い影響を及ぼすのが、明文化されてはいない見えないカリキュラム(裏カリキュラム)、つまり潜在的カリキュラム(hidden curriculum)である。

　この潜在的カリキュラムは、学習者同士や教師と学習者との人間関係、教室や学習集団の雰囲気、学校風土や伝統、教師集団の個性や雰囲気、学校の物理的環境等々が複雑に交錯しながら、顕在的カリキュラムと共に知識・技能のみならず、個としての価値観、情操面にまで及んで人格形成にかかわる様々な影響力を及ぼす大きな要因である。このような性格から「暗黙知」と称されることもある。この潜在的カリキュラムが教育活動に及ぼす影響力は、地域の教育促進環境や学校の校是・校訓といったポジティブな側面で作用するものとして考察する先行研究も多くはなってきているものの、プラスにばかり機能するものではない。むしろ、負の側面で教育へ及ぼす影響力も見落としてはならないので留意しておきたい。

　本書を執筆している折、大阪市立高校で部活の顧問の体罰を苦にしたバスケットボール部主将を務める2年生の男子生徒が自殺する事件が発生した。体罰で生徒を発憤させ、もてる能力を引き出すことでチームが強くなるのだから「愛のムチ」と顧問教師は弁明する。明らかな暴力的犯罪行為としての体罰が日常的に行われたり、それを容認してしまったりするような校内的雰囲気があるとしたなら、潜在的カリキュラムは学校教育に対してネガティブに作用する。この問題について、ある元プロ野球投手は自らが地域の少年野球チームで中学

生頃まで受けた体罰経験を踏まえ、「子どもの自立を妨げ、成長の芽を摘みかねない」とコメントしていたことが印象的であった。潜在的カリキュラムがもつ「両刃の剣」的な側面を全て物語っているように思われる次第である。

　子どもの自主性・自発性を重視する特別活動が学校内で十分に機能していない現実があるとするなら、やはり、そこには学校力を問い直す諸課題が内在していると言えるのではないだろうか。確かに、特別活動で子どもたちの「生きる力」としての社会性や道徳性といった人間力が向上したからと言って、それが進学率等の表面的な学校ブランド向上に直結するわけではない。しかし、それがなかったら、本来的な意味での学校力は機能しないのである。潜在的カリキュラムが及ぼす影響力について、学校の全教職員で共通理解していきたいものである。

（2）教師に求められる役割と専門性

　特別活動は、子どもの主体的な活動意欲によって具体化される。しかし、それを陰に日向に指導・支援していくのは紛れもない教師の役割である。教師がどのような活動環境や活動準備を進めれば子どもたちは水を得た魚のように自ら自主的・自発的に取組もうとするのか、そんな点を視座すると、特別活動における教師の役割の大きさを思わずにはいられないのである。

　ただ、教師に関しては様々な呼称がある。例えば、一般的な呼称としては、「教員」、「教師」、「先生」といったところであろうか。さらには、「教諭」という呼称もある。特別活動で子どもたちが求めるそのような身近な大人は、「教員」、「教師」、「先生」、「教諭」等々、どんな呼称の人がよいのであろうか。

　先に挙げた中で、「教諭」については先に区別しておきたい。「教諭」というのは、教育公務員あるいはそれに準ずる私立学校教員の職階を表す呼称である。

　例えば、学校教育法第37条11項には、「教諭は、児童の教育をつかさどる」と述べられている。子どもを指導するのが、「教諭」という職階の立場にいる人である。それ以外に子どもとかかわる職階をもつものとして、校長、副校長、教頭、主幹教諭、指導教諭、養護教諭、栄養教諭、助教諭、講師、養護助教諭等の立場を有する人々がいる。よって、ここでは、教員、教師、先生と区別し

て位置づけていきたい。

【具体的な顔や固有名詞をもたない総称】

●教員

　教員採用試験等で象徴されるように、子どもを指導する資格をもった人である。そこで問われるのは指導資格であり、特定の個人ではない。よって、A教員に何かあれば、B教員、C教員と代替が可能である。

【具体的な顔や固有名詞をもつ個別的呼称】

●教師

　教師とは、まさしく教える人である。そして、師として仰がれ、そのもてる専門性に対して尊敬される人である。学校で子どもに携わる人は、おおよそにおいて自分が専門職としての「教師」であると自覚している。教師の呼称に値するのは、子どもに教える専門性をもつ人である。

●先生

　この世の中には、「先生」と呼ばれる沢山の人がいる。学校の先生はもちろんのこと、医者の先生、弁護士の先生、政治家の先生、宗教家、占い師、華道や茶道、柔道、剣道 etc. である。では、何でも先生かというと、そう簡単ではないのも「先生」である。単純には、先に生まれた人が先生である。しかし、それでは他の人が「先生」と呼んではくれない。「先生」と敬って呼ぶからには、それ相応のものをもっていなくてはならないと考えるのが妥当であろう。では、それは一体何なのか。一言で言えば、自分よりも一歩先を行く人、その分野のことをよく知っていて尊敬すべきものをもって自分より先を歩く人、そんな人に対して親しみを込めて用いるのが「先生」という呼称である。そんな説明が分かりやすいであろう。だから、学校で子どもたちは「先生」と教員や教師を呼ぶのである。

　では、特別活動で子どもの指導にあたる人物はどのような人が望ましいのであろうか。基本的には、子どもたちが思わず「先生」と親しみを込めて呼びながら慕って後をついてくるような人物が適切であろう。そんな「先生」は子どもたちの主体的な学びや取組みを支援はしても、決して阻害などしないであろうからである。ただ、そのような子どもたちの活動を支援するだけでは、個性

伸長を促しながら子どもたちの資質・能力を開花させるという点ではまだ不十分である。そこには適切な指導するという専門性にかかわる側面がなくてはならない。結論的には、先生と親しみを込めて呼ばれる専門職としての教師が特別活動で求められる指導者ということになろう。教育心理学者の市川伸一（2001年）は、「学習動機の2要因モデル」という考え方を提唱しているが、その中では学習時の関係志向性に着目している。そこでは、「何を学ぶか」より、「誰と学ぶか」が関心事であると指摘している。それこそ何より肝要であろう。

　このように、教職に就くというのは多様な資質・能力を求められることでもある。特に教職の要件を巡っては、そこでは必ずといっていいほど「教職専門性」に言及されることが通例である。その時に必ず引き合いにされるのが、もう半世紀以上も前に唱えられたリーバーマン（M. Lieberman, *Education as a Profession* 1956年）の8項目にわたる「専門職性の特質と意義」である。リーバーマンは以下のような項目を挙げている。

《教師の専門職性の特質と意義》
① ユニークで限定的なかつ必要な社会的奉仕活動である。
② その奉仕活動を遂行するために、知的なテクニックを重視している。
③ 長期にわたる特別なトレーニングを必要とする。
④ 個人としてまた活動遂行のための組織全体としての両面における幅広い自主・自律性をもっている。
⑤ 専門的な自律性として許容される範囲内でなされる判断・行動について、広範な個人的責任を認めている。
⑥ 遂行する側の経済的な利益は考えていない。それより、実行グループに委託された社会的奉仕活動の遂行・組織化の基盤づくりに力点を置く。
⑦ 実行者たちに総合的な自治組織を認める。
⑧ 倫理綱領をもっている。それは具体的な事例に則し、曖昧かつ疑問のある点を明瞭にしているし、きちんと解釈もしている。

　ここから見えてくるのは、子どもを理解して最適な指導をする能力だけでなく、学校経営の立場から保護者や地域社会の要請を受けながらカリキュラム・

デザインする能力、さらには幅広い教養と他者と協働しながら誠実に職務を遂行しようとする態度や生き方というものが、何よりも重要であることが理解される。確かに、教師は宗教者とは違って聖職といった位置づけではない。しかし、未来を担う人間を育てるという極めて特別な、そして困難な職務であることは疑う余地のないところであろう。

最後に触れたいのは、やはり半世紀も前にピュリアス（Earl,V.Pullias）とヤング（James,D.Young）が著した"A Teacher is Many Things"(Indian University Pres 1968年)の和訳目次である。

《**教師の役割**（『教師―その役割の多面性―』都留春夫訳　1970年）目次より》
第Ⅰ部　教育の背景　　　　＊は著者による補説
　1. 教えるとは
　2. 教えることにおいて優秀性への成長を阻むもの
第Ⅱ部　教師とは（3〜24節の構成）　　＊印は解説
　3. ガイド（＊学びの旅の）である
　4. 教える人（＊学習を助ける）である
　5. 現代化（＊世代間を取り結ぶ）する人である：世代のかけ橋である
　6. 模範（＊生き方モデル）である：お手本である
　7. 探求（＊学び続ける）する人である：知らぬことのある人である
　8. カウンセラー（＊理解者）である：打ち明けて話せる人であり、友である
　9. 創造（＊新たな時代や文化を）する人である：創造性を開発する人である
　10. 権威者（＊リーダーシップ、先導者たる）である：知っている人である
　11. ビジョン（＊究極目標としての豊かな人生の生き方）を鼓舞する人である
　12. 日常的（＊地に足が着いた）な仕事をする人である
　13. 陣営（＊既成概念，偏見や現状維持の打破）をこわす人である
　14. 話し家（＊自分のこととして受け止め、考えさせる技術）である
　15. 役者（＊教室という舞台で学びに引き込む）である
　16. 場面（＊様々な学びを体験させる）のデザイナーである
　17. コミュニティ（＊学びを介した人のかかわり）をつくる人である
　18. 学習（＊生涯学び続ける）する人である

19. 現実を直視（＊情報を介して的確に現状分析する）する人である
20. 開放（＊個々の劣等感を取り払い潜在的可能性を引き出す）する人である
21. 評価（＊個を肯定受容して可能性を膨らませる）する人である
22. 保護する人（＊目的達成を見守る人）である：取りもどし救う人である
23. 完結者（＊目的達成に向けての主体的な働きかけを仕向ける人）である
24. 人間（＊共に喜び，悲しみ，考え，悩み，感情を共有できる存在）である
    (1) パーソナリティと教えること
    (2) 知識の成長
    (3) 存在の成長

　如何であろうか。教師とはどのような存在であるのかを、如実に物語っているのではないだろうか。各学校において地域や保護者の願いを受け、子どもたちの実態を加味しつつ編成される教育課程であるが、それは教師という教育実践を担う存在の主体性が発揮されてこそ初めて体現されるものである。

【第5章の参考文献】
(1) 文部科学省　『小学校学習指導要領解説総則編』　2008年　東洋館出版社
(2) 文部科学省　『小学校学習指導要領解説特別活動編』　2008年　東洋館出版社
(3) 文部科学省　『中学校学習指導要領解説総則編』　2008年　日本文教出版社
(4) 文部科学省　『中学校学習指導要領解説特別活動編』　2008年　ぎょうせい
(5) 渡部邦雄・緑川哲夫・桑原憲一編　『特別活動指導法』　2009年　日本文教出版
(6) 本間啓二・佐藤允彦編　『特別活動の研究』　2003年　アイオーエム
(7) 日本特別活動学会監修　『キーワードで拓く新しい特別活動』　2010年東洋館出版
(8) 梶田叡一　『教育における評価の理論』　1975年　金子書房
(9) 梶田叡一　『教育評価』　1983年　有斐閣
(10) 安彦忠彦　『自己評価』　1987年　図書文化
(11) 西岡加名恵　『教科と総合に活かすポートフォリオ評価法』　2003年　図書文化
(12) 高浦勝義　『絶対評価とルーブリックの理論と実際』　2004年　黎明書房
(13) 田中耕治編　『よくわかる教育評価』　2005年　ミネルヴァ書房
(14) 松下佳代　『パフォーマンス評価』　2007年　日本標準ブックレット No.7

(15) 田中耕治　『教育評価』　2008年　岩波書店
(16) 北尾倫彦・速水敏彦『わかる授業の心理学』　1986年　有斐閣
(17) 辰野千寿編　『教育心理学』　1986年　山文社
(18) 辰野千寿　『授業の心理学』　1992年　教育出版
(19) 多鹿秀継　『教育心理学』　2001年　サイエンス社
(20) J. J. ルソー　『エミール』（上巻）今野一雄訳　1962年　岩波文庫
(21) E. V. ピュリアス・J. D. ヤング　『教師—その役割の多面性—』都留春夫訳　1970年　文教書院
(22) 日本学校教育学会編　『学校教育の「理論知」と「実践知」』　2008年　教育開発研究所
(23) 市川伸一　『学ぶ意欲の心理学』　2001年　PHP新書

第6章　特別活動各内容の実践と心の耕し

《課題探求の視点》
特別活動の各内容における子どもの心の耕しはどうすればよいのだろうか。

1　学級活動での学校生活づくり
（1）学級活動の目標とその内容
①　学級活動の目的

　特別活動における学級活動とは、文字通り子どもたちが学校生活を送る上での基礎的な生活の場である学級を単位にして展開される教育活動である。その意味では、子どもたちが朝登校してきてから下校するまでに体験する学校生活の基盤として作用する学級を前提に、集団への適応、集団内での生活態度、集団の中での他者とのかかわり方、集団生活の充実・向上等を目指して展開される自己実現に向けた基礎的集団活動でもある。

《学級活動の特質とその目的》
A．実践的な集団活動を介することそのものが手段であり、目的である。
　学級活動は学級を単位に具体的な活動が展開されるが、そこで子どもたちは集団の中の一員としての立ち振る舞いや、合意形成の仕方、協同して物事をやり遂げることの体験的実感や達成感、充実感を味わうのである。つまり、具体的な集団としての実践活動そのものが学びの場として機能するのである。

B．集団活動であると同時に、個々の子どもの自己実現活動である。
　学級活動は具体的な集団的実践活動であるだけに、そこで求められる知識や技能等は学校の教育活動全体を通じて身に付けられたものをフル活用して事にあたることとなる。その点では、全我的なかかわりを通した様々な感情体験も含めた体験活動を展開することでもある。成功体験もあれば、対極には失敗体験も当然予想されることである。充実感を存分に味わう体験もあれば、屈辱感

に苛まれる体験もあろう。さらには、特別活動で最も重視したい自己実現体験やそれに伴う挫折体験等々は、子どもの人格的成長の糧となることは言うまでもないことである。

C. 子どもの心身の調和的発達を促す実践活動である。

　特別活動そのものにもかかわるが、学級活動の内容は、心身の健康や安全、豊かな情操や確かな意志力の育み、望ましい人間関係構築力や自主的・実践的態度等々の総合的な心身の発達を促す教育活動である。それは集団活動という形態をとるが、集団活動を介した個の学びの支援であることが肝要である。

　このような学級を前提基盤とする学級活動では、子どもたちが集団生活をしていく中で抱える諸問題に対し、自分たちで自主的に問題と向き合い、よりよい解決を図ろうとするところにその教育的主眼が置かれる。そして、それらの活動を通して、子ども一人一人が学校生活の基礎集団となる学級に適応し、その集団内で望ましい人間関係を構築しながら、より充実した集団生活となるよう向上を目指して取組んでいくところに教育的意味を見いだせるのである。

　また、学級活動の目標にも述べられている通り、その教育活動を通じて子どもたちに育てたい資質・能力とは、学級生活で生ずる様々な諸問題へ主体的にかかわり、他者と協力して自ら解決していこうとする「自主的、実践的な態度」の形成である。自らを生かしつつ、共に生きる他者と考え話し合い、協力して諸問題を解決しようとするこのような態度は、人間としての自らの生き方についての自覚を深め、自己を生かす能力を内面に育むことそのものである。

《学習指導要領における小・中学校学級活動の内容》

小　学　校	中　学　校
［目標］ 　学級活動を通して、望ましい人間関係を形成し、集団の一員として学級や学校におけるよりよい生活づくりに参画し、諸問題を解決しようとする自主的、実践的な態度や健全な生活態度を育てる。	［目標］ 　学級活動を通して、望ましい人間関係を形成し、集団の一員として学級や学校におけるよりよい生活づくりに参画し、諸問題を解決しようとする自主的、実践的な態度や健全な生活態度を育てる。

第6章　特別活動各内容の実践と心の耕し　111

| [内容]〔第1学年及び第2学年〕　学級を単位として、仲良く助け合い学級生活を楽しくするとともに、日常の生活や学習に進んで取り組もうとする態度の育成に資する活動を行うこと。〔第3学年及び第4学年〕　学級を単位として、協力し合って楽しい学級生活をつくるとともに、日常の生活や学習に意欲的に取り組もうとする態度の育成に資する活動を行うこと。〔第5学年及び第6学年〕　学級を単位として、信頼し支え合って楽しく豊かな学級や学校の生活をつくるとともに、日常の生活や学習に自主的に取り組もうとする態度の向上に資する活動を行うこと。〔共通事項〕(1)　学級や学校の生活づくり　ア　学級や学校における生活上の諸問題の解決　イ　学級内の組織づくりや仕事の分担処理　ウ　学校における多様な集団の生活の向上(2)　日常の生活や学習への適応及び健康安全　ア　希望や目標をもって生きる態度の形成　イ　基本的な生活習慣の形成　ウ　望ましい人間関係の形成　エ　清掃などの当番活動等の役割と働くことの意義の理解 | [内容]　学級を単位として、学級や学校の生活の充実と向上、生徒が当面する諸課題への対応に資する活動を行うこと。(1)　学級や学校の生活づくり　ア　学級や学校における生活上の諸問題の解決　イ　学級内の組織づくりや仕事の分担処理　ウ　学校における多様な集団の生活の向上(2)　適応と成長及び健康安全　ア　思春期の不安や悩みとその解決　イ　自己及び他者の個性の理解と尊重　ウ　社会の一員としての自覚と責任　エ　男女相互の理解と協力　オ　望ましい人間関係の確立　カ　ボランティア活動の意義の理解と参加　キ　心身ともに健康で安全な生活態度や習慣の形成　ク　性的な発達への適応　ケ　食育の観点を踏まえた学校給食と望ましい食習慣の形成(3)　学業と進路　ア　学ぶことと働くことの意義の理解　イ　自主的な学習態度の形成と学校図書館の利用　ウ　進路適性の吟味と進路情報の |

オ　学校図書館の利用 カ　心身ともに健康で安全な生活態度の形成 キ　食育の観点を踏まえた学校給食と望ましい食習慣の形成	活用 エ　望ましい勤労観・職業観の形成 オ　主体的な進路の選択と将来設計

　小・中学校学習指導要領における学級活動の目標では、学級活動を通して「望ましい人間関係」を形成することがまず冒頭に述べられている。ここでいう「望ましい人間関係」とは、十人十色の個性をもった子どもが自分と他者の考え方の違いを尊重し合い、学級内の合意を図りながらその決定に従って一人一人が自らの役割や責任を果たすことで自他の自己実現が図られるような対人的関係性を指している。

　このような「望ましい人間関係」があってこそ、子どもたちは集団の一員として学級や学校における「よりよい生活づくりに参画し」、諸問題を解決しようとする「自主的、実践的な態度」や「健全な生活態度」を自ら育むことができるのである。

②　学級活動の内容

　学級活動ではその目標を達成する過程を通じて、**①よりよい人間関係を構築する力、②社会に参画する態度、③自治的能力の伸長**といった態度形成や能力形成が図られる。そこには、学級集団内の人間関係における他者への思いやりや相互扶助の気持ち、信頼し合い、協力し合う態度、他者を尊重しつつ自己実現を目指すための能力といった「善への志向性」がなければならない。このような資質・能力形成の育みをどのように進めるのかという目安が、低学年、中学年、高学年と発達段階毎の括りで示された小学校学級活動の内容、中学校生活全体を通じて共通に示された中学校学級活動の内容である。

《小学校学級活動の内容》
A. 各学年段階の内容構造
■学級を単位として

　　　　　【よりよい人間関係】　【よりよい生活づくり】
（低学年）仲良く助け合い　／　学級生活を楽しくする
（中学年）協力し合って　　／　楽しい学級をつくる
（高学年）信頼し支え合って　／　楽しく豊かな学級や学校の生活をつくる

■日常の生活や学習に

　　　　　【育成する態度】
（低学年）進んで取り組もうとする
（中学年）意欲的に取り組もうとする
（高学年）自主的に取り組もうとする

B. 共通事項
（1）学級や学校の生活づくり
　ア．生活上の諸問題の解決
　イ．仕事の分担処理
　ウ．多様な集団の生活の向上
　★自分たちの力で学級・学校生活を豊かにしようとする「生活づくり」の視点を重視していくことが大切である。

（2）日常の生活や学習への適応および健康安全
　ア．希望・目標をもって生きる態度の形成
　イ．基本的な生活習慣の形成
　ウ．望ましい人間関係の形成
　エ．役割と働くことの意義の理解
　オ．学校図書館の利用
　カ．心身ともに健康で安全な生活態度の形成
　キ．育の観点を踏まえた学校給食と望ましい食習慣の形成
　★「生きる態度」、「基本的な生活習慣」、「人間関係」、「働くこと」、「健康で安全な生活態度」、「食習慣」といった態度やスキルの形成は、指導

内容としての基準性が伴うものであることを心する必要があろう。

《中学校学級活動の内容》
A. 中学校段階の内容構造
　■学級活動を通して
　　　　　【よりよい生活づくり】　　　　　【育成する態度】
　■学級や学校の生活の充実と向上　／　当面する諸課題への対応
B. 共通事項
(1) 学級や学校の生活づくり（3項目）
　ア．生活上の諸問題の解決
　イ．組織づくりや仕事の分担処理
　ウ．多様な集団の生活の向上
　★学級・学校生活に目を向けさせ、そこで生ずる諸問題を自分たちの力で解決・改善し、豊かな学校生活にしていけるような「生活づくり」の視点を生徒にもたせていくことが大切である。
(2) 適応と成長および健康安全（9項目）
　ア．思春期の不安や悩みの解消
　イ．自他の個性の理解と尊重
　ウ．社会の一員としての自覚・責任
　エ．男女相互の理解と協力
　オ．望ましい人間関係の確立
　カ．ボランティア活動の意義の理解と参加
　キ．心身ともに健康で安全な生活態度や習慣形成
　ク．性的な発達への適応
　ケ．食育の観点を踏まえた学校給食と食習慣の形成
　★「思春期の不安・悩み」、「自他の個性理解と尊重」、「社会の一員としての自覚・責任」、「男女の理解・協力」、「ボランティア活動の理解・参加」、「健康で安全な生活態度・習慣」、「性的発達への対応」、「食育と食習慣」といった思春期固有の特徴への理解、社会参加の態度やスキル形成といった指導内容は、発達課題の克服が伴うものでなければならない

ものであることに留意したい。
(3) 学業と進路（5項目）
　ア．学ぶこと・働くことの意義理解
　イ．自主的学習態度形成と学校図書館の利用
　ウ．進路適性吟味と進路情報活用
　エ．望ましい勤労観・職業観の形成
　オ．主体的な進路選択と将来設計
　　★「勉学・勤労の意義」、「自主的学習態度」、「進路適性・進路情報活用」、「望ましい勤労観・職業観」、「主体的進路選択・将来設計」についての理解や態度・スキル形成は、キャリア教育の視点からそれぞれの段階を捉えて意図的・計画的に取り上げていくべき指導内容であることを明確にしておく必要がある。

《小・中学校の学級活動で進めるキャリア教育》
　学級活動で取り上げる内容には、キャリア教育に重なる内容が多く含まれる。キャリア教育についての定義は中央教育審議会答申（1999年）の「学校教育」と職業生活の円滑な接続を図るため、望ましい職業観・勤労観及び職業に関する知識や技術を身に付けさせるとともに、自己の個性を理解し、主体的に進路を選択する能力・態度を育てる教育」や、『キャリア教育の推進に関する総合的調査研究協力者会議報告書』（2004年）の「児童生徒一人一人のキャリア発達を支援し、それぞれにふさわしいキャリアを形成していくために必要な意欲・態度や能力を育てる教育」といった定義内容がよく知られたところである。
　キャリア教育と言った場合、ややもすると個人という側面よりも社会的要請という側面の方が強調される傾向があることも否定できないところである。しかし、キャリア教育で重視したいのは、個人の過去と現在、未来を時系列的に意味づける機能的側面であろう。学校での様々な教育活動、特別活動等で取り扱うキャリア教育に関する学びは、子ども自身のこれまでの学びの履歴を意味づけたり、現在学んでいる事柄と未来の自分とで意味づけたりといった個々の人生における学びの意味を付与する機能があるのである。キャリア教育で目指すキャリア発達にかかわる諸能力（「社会人基礎力：経済産業省定義」、「就職基

礎能力：厚生労働省定義」）は４領域８能力に分類される。
- A．人間関係形成能力（自他の理解力、コミュニケーション能力）
- B．情報活用能力（情報収集・探査能力、職業理解能力）
- C．将来設計能力（役割把握・認識能力）
- D．意思決定能力（選択能力、課題解決能力）

　これらキャリア発達にかかわる諸能力育成プロセスにおいて、特別活動、とりわけ学級活動が果たす役割の大きさを踏まえた指導をする必要があることを十分に理解して指導に臨むことが大切である。

（２）学級活動の実践化方策
①　話合い活動「学級活動（１）」
　■内容（１）学級や学校の「生活づくり」における話合い活動

　協力してよりよい生活をつくるために集団として実践するための目標や方法、内容等を決める。その前提は、「集団討議による集団目標の集団決定」である。

［小学校３学年での学級活動（１）話合い活動例］
- ◆題材名：なかよし集会をしよう
  - ＊実施時期は、学級編成替えが行われて間もない新学期。
- ◆ねらい：なかよし集会について話し合い、仲良く協力し合って実践することで学級生活の向上を図る。
- ◆活動の流れ

［事前の指導］
　＊教師の適切な指導の下に以下のような活動を展開する。
- ア．議題の発見（学級づくりにかかわる問題を見付けて提案し、議題とする）
- イ．議題の決定（みんなで達成すべき問題を確認し、問題意識を共有し合う）
- ウ．計画の作成（話合いの柱や順番、役割分担等の活動計画を作成する）
  - ＊子ども側は自分たちの活動計画となり、教師側は指導計画となる。
- エ．問題の意識化（議題について考えたり、情報収集したりと問題意識をもつ）
  - ＊これまでの経験を振り返ったり、上級生に助言を求めたりと事前調査する。

［本時の活動（話合い活動）］
■議題名：なかよし集会をしよう
■話合いのめあて：みんながなかよくなれるようなかよし集会の内容を決めよう。
■話合うこと
　ア．みんなが仲良くなれるような集会内容とそのやり方を決めよう。
　　・仲良くなるための簡単で楽しいゲーム、みんな楽しめるプログラム etc.
　イ．なかよし集会を楽しくするために係を決めよう。
　　・進行がかり、音楽がかり、ゲームがかり、プログラがかり、etc.
　ウ．当日に向けての準備日程を決めよう。
　　＊学級全員で仕事を分担し合い、協力して準備を進めるようにする。
■評価基準：よりよい学級の生活づくりに向けて考え、判断し、まとめようと話合っている。（思考・判断・実践）
■学級会での話合いの進め方
　ア．はじめの言葉
　イ．クラスの歌（クラスの歌を歌う）
　ウ．議長団（司会、記録等）の紹介と議題の確認
　エ．提案理由の確認
　オ．決まっていることの確認
　カ．話合い
　　話合い①：どんなことをするのか決めよう
　　話合い②：もっと仲良くなるための工夫を決めよう
　　話合い③：集会を成功させるための係を決めよう
　キ．決まったことの発表
　ク．先生からのお話
　ケ．おわりの言葉
［事後の活動］
　ア．協力して「なかよし集会」を実践（話合って決まったことに基づいて、係毎に協力し合って準備する）

イ．活動のふり返り（「なかよし集会」実践後、ふり返りカードに自己評価・相互評価を記入する）
ウ．ふり返りを広める（帰りの会での発表、ふり返り評価の掲示等）
エ．次の活動へ生かす（肯定的相互評価による次の活動の意欲づけ）

[中学校2学年での学級活動（1）話合い活動展開例]
■題材名：係活動を見直そう
■本時のねらい：
　◎係活動の意義や目的を全員で再確認することができる。
　◎係活動停滞の原因から改善策を決定することができる。
■本時の展開

活動過程	活動の内容	留意事項
はじめ	○開会の言葉、 ○議長の進め方説明 ○提案理由の説明	活動計画 説明短冊
中心活動	○各係の活動状況発表と問題点の把握 ○停滞要因の究明と解決策についての話合い ○各係で決定した解決策の発表	アンケート結果資料 要因まとめ用模造紙 決定事項記入短冊
まとめ	○決定事項の確認とまとめ ○感想発表、先生の話 ○閉会の言葉	全員で決定事項を確認 自己評価シート

■事後活動
　◎各係の活動方針、活動状況報告（朝の会、帰りの会等で）

[学級活動（1）話合い活動の年間議題例]

　　[小学校低学年]　　　　　　　　[中学校1学年]
　●かかりをきめよう　　　　●学級目標をつくろう
　●きらきら集会をしよう　　●学級の組織をつくろう
　●クラスのはたをつくろう　●夢のある学級掲示をつくろう
　●教育実習の先生を迎えよう　●組の学習環境を整えよう

●かかり活動を楽しくしよう　●遠足を成功させよう
●めざせ、運動会大せいこう　●係活動を活性化しよう
●すてきなあいさつ大さくせん　●給食時間の充実について考えよう
●ハロウィンを楽しもう　●合唱祭必勝法を考えよう
●ミニコンサートに参加しよう　●学級の十大ニュースを決めよう
●クラスのお別れ会をしよう　●卒業生への感謝の気持ちを表そう

[話合い活動の段階的指導と子どもの具体例]
【小学校低学年】
◎教師と一緒に司会をすることができる。教師の助言を受けて司会することができる。
◎一人一人が、自分の思っている考えをみんなの前で話せる。
◎相手の意見を聞いて、それに関連づけて話せる。

【小学校中学年】
◎教師の助言を受けながら計画（運営）委員会を機能させ、時間配分や発言機会の公平さを考えながら自分たちで司会できる。
◎自分の考えを要領よく、まとめて分かりやすく話せる。
◎互いの発言を比べながらよく聴き、よりよい結論を求められる。

【小学校高学年】
◎計画（運営）委員会で話合いの計画を立案し、議題内容をよく理解し、見通しをもった話合いができる。
◎他の意見との共通点や相違点を比較しながら話合いを深めることができる。
◎自分と他者との意見を比較しながら、より望ましい結論を得ることができる。

【中学校】
◎学校生活上の問題点を議題として吸い上げ、その解決に向けての手順を計画立案し、共通理解の下での話合いができる。
◎互いの考え方を尊重しつつ、根拠をもって解決に向けた話合いが要領よくできる。
◎話合いによって得た決定事項を互いに尊重し、実践することができる。

② 係活動

　係活動は、学級生活を豊かにするために学級内の仕事を分担処理することを目的に子ども自身が必要な係組織を話合って作り、自主的に進める活動である。係活動と似たような活動としては当番活動もあるが、相違点は以下のような内容である。

《係活動と当番活動の相違点》

　　　［係活動］　　　　　　　　　　　　［当番活動］
○学級生活を豊かにする活動　　　　　△学級生活の維持・管理活動
○子どもの自主的な分担処理活動　　　△教師の指導による分担処理活動
○子どもの創意工夫による活動　　　　△全員の役割分担としての活動
○係内容に多様性が伴う活動　　　　　△どの学級においても必然性が伴う活動
○自己選択による所属活動　　　　　　△均等な割当てによる必然的活動
　（生き物係、レク係、図書係等）　　　（日直、清掃当番、給食当番等）

《係活動組織編成の手順》

◎係活動の目的共通理解（生活の向上、創意工夫の場、自主性・協力性涵養）
　　　　　↓
◎係の設定（多様で主体性に富む活動が可能、少人数での責任活動可能）
　　　　　↓
◎係人数設定と所属決定（活動内容と必要人数、所属希望状況等の確認）
　　　　　↓　＊希望者が多い係は、新聞係Ａと新聞係Ｂという分属も可能。
◎活動計画案の立案（係内組織づくり、活動のめあて、活動内容等）

　係活動の前提は、日々の具体性が伴うということである。具体性や必然性がなければ活動は停滞するし、活動時間や活動の場がなければやはり同様である。また、活動に対する学級内での承認や賞賛の場がなければ、活動めあて達成意欲が減退してしまうこととなる。さらに、子ども自身の主体的な活動であることから定期的かつ継続的活動のふり返りの場を設け、自覚化を促すことも係活動活性化という点で重要なことである。

③ 集会活動

　学級活動における集会活動は、学級生活に変化をもたらし、充実させるために学級の子どもたちが全員参加して行う活動である。その内容は誕生日会、お楽しみゲーム会、スポーツ集会、係活動発表会、季節の行事集会等々、実に多様である。限られた時間数の中で、内容を充実させることが肝要である。

　このような集会活動では、楽しさが優先されて本来の活動目的を見失ってしまうような場合もあるので、実践においては子どもたちが内容を十分に話合って自主的、計画的に運営できるよう指導していく必要がある。また、係活動とも連動した役割分担とか、全員の子どもが年間を通して何らかの活躍場面をもてるような運営を考慮していくことが大切である。

《集会活動の内容別分類》
　ア．人間関係づくり・・・誕生日集会、転校生を迎える（送る）会等
　イ．娯楽的な内容・・・ゲーム集会、クイズ集会等
　ウ．スポーツ的内容・・・ドッジボール集会、縄跳び集会、リレー集会等
　エ．季節的な内容・・・七夕集会、ハロウィン集会、節分集会等
　オ．文化的な内容・・・音楽集会、演劇集会、イラストコンクール等
　カ．発表会・報告会・・係活動発表会、夏休みの思い出報告会等

［集会活動の展開例］

［小学校低学年］
活動名：たんじょう日集会をしよう
　ア．はじめの言葉（集会係）
　イ．たんじょう者の紹介（紹介係）
　ウ．たんじょう日の歌（歌係）
　エ．ゲーム（ゲーム係）
　オ．感想発表（集会係インタビュー）
　カ．先生のお話（担任）
　キ．おわりの言葉（集会係）

［中学校1～3学年〇組］
活動名：1組縦割り集会を成功させよう
　ア．開会の言葉（2年実行委員）
　イ．集会の目的説明（3年実行委員）
　ウ．各学年代表の言葉（組代表）
　エ．自己紹介ゲーム、交流ゲーム
　オ．参加者インタビュー（実行委員）
　カ．各学年担任よりの一口コメント
　キ．閉会の言葉（1年実行委員）

④　学級活動　内容（2）および（3）

■内容（2）　適応と成長および健康安全における話合い活動

　子ども一人一人が自己の生き方についてふり返り、健全な生活態度や心身の健康保持増進に努めながら、豊かな人間性や個性の伸長を図るための活動内容である。その話合いの目的は、「集団思考活動を通じた個としての自己決定」である。

［小学校4学年での学級活動（2）話合い活動例］

◆題材名：5年生への進級に向けて

　＊実施時期は、高学年への進級を間近にした学年末。

◆ねらい：新たな希望や夢をもって新学年に進級しようとする意欲を育む。

◆活動の流れ

活動過程		活動の内容	準　備
事前活動		○5年生への進級で期待していることを調査する。 ○5年生に進級する期待や不安を把握する。 ○5年生に取材して調べたことをまとめ、掲示する。	アンケート調査 5年生への取材 調査結果の掲示物
本時の活動	導入	1．アンケート調査から気がついたこと、考えたことを発表し合う。 ・みんな同じような期待と不安を抱えていること。	アンケート結果資料
	展開	2．不安な心配の解消方法について話合う。 ・何を期待し、何が不安なのかを整理しよう。 ・問題点を解決するための方法を考えよう。 　（学習、生活、課外活動への取り組み等）	要因まとめ用模造紙 上級生からのビデオレター
	終末	3．進級に向けて取り組むことを決める。 ・話し合ったことをもとに、5年生への進級に向けて自分の実践目標を決めよう。 ・目標を発表し合って、付け足ししよう。	個人目標記入短冊 修正清書用短冊
事後活動		○期間を決めて取組み、実践を継続的にふり返る。	自己評価シート

■内容（3）　学業と進路における話合い活動

　自己の将来に夢や希望を抱き、意欲的に将来の生き方や進路に関する体験を得たり、情報活用したりして進路を自らの意思と責任で考え、選択するための活動である。よって、その話合いの目的は、「集団思考活動を通じた個としての自己決定」となる。

[中学校2学年での学級活動（3）話合い活動例]
◆題材名：私の適性と進路
　＊実施時期は、職場体験活動に合わせて行う。
◆ねらい：
　ア．社会の一員としての自覚をもち、将来の生活に関心をもつことができる。
　イ．職業の特色を理解し、自分の適性を考えて進路決定しようとする意欲をもつことができる。
◆活動の流れ

活動過程		活動の内容	準　備
事前活動		○将来自分が就きたい仕事について調査する。 ○学級活動委員会によるアンケート集計報告。 ○希望業種別のグルーピングをする。	アンケート調査 アンケート集計結果 グループ学習準備
本時の活動	導入	1．アンケート調査から、将来の自分について考え、発表し合う。 ・ニートやフリーターでは、なぜ困るのか。	アンケート結果資料 ニート、フリーターに関するデータ
	展開	2．職業選択と将来の自分の生活について話合う。 ・どんな理由でどんな職業に就きたいのだろう。 ・職業に就くことで自分はどう変わるのだろう。 ・職業に就くということの意味は何なのだろう。	グループでの話合い グループ毎の発表から全体での話合い
	終末	3．自分の将来設計と職業選択についてまとめる。 ・職業選択によって自分の将来の生活がどう変わるのか、ワークシートにまとめてみよう。 ・職業選択で重要なことは何かをまとめてみよう。	ワークシート記入 個人の適性と結びつくような進路選択

| 事後活動 | ○職業適性を課題に就業体験へ臨めるようにする。 | 自己観察シート |

《学級活動（1）と学級活動（2）、（3）の実践展開の相違点》

		学級活動　内容（1）	学級活動　内容（2）・内容（3）
事前指導	I	問題発見と提出（議題箱、学級日誌等、指導計画に沿った題材） ↓	
	II	問題の集計・整理（問題を収集・整理） ↓	
	III	共通問題の設定（議題案や話合いの共通課題を設定） ↓	
	IV	活動計画の作成（不採用議題の処理、課題に対する自主活動計画） ↓	
	V	事前予告と開催準備（事前調査、役割分担、話合いの予告等）	
本時指導		学級会（話合い） 1．議事の確認と運営役割紹介 2．議題の提案理由発表とめあての発表 3．話合い（互いの考え方のよさを統合する話合い活動） 4．話合いの評価（自己・相互）	学級活動（話合い） 1．問題状況の把握と意識化 2．追求すべき課題の共通化 3．課題の原因追及 4．集団思考による課題解決 5．実践方法の自己決定 6．実践意欲の喚起
事後指導		○決まったことをもとに、活動計画を作成。 ○全員で集団活動として実践。 ○実践活動の評価の実施。	○自己決定に基づいて個人として実践。 ○反省・評価による実践の継続。 ○実践活動の自己評価の実施。

（相原・新富編『個性をひらく特別活動』2001年、ミネルヴァ書房、p.89を参照作成）

（3）学級活動における心の耕し
①人間形成の視点からの内面の耕し

　教育活動としての特別活動の最大の特徴は、望ましい集団活動を通して子ども一人一人の個性伸長と人間形成を図るところにある。つまり、人の世に生まれ、人とのかかわり合いの中で育ち、人として独り立ちして生きることを学ぶこと、つまり「生きる力」そのものを学ぶところに特別活動の教育的意義が見いだせるのである。その意味では、道徳の時間をはじめ、あらゆる教育活動を通じて行う道徳教育を実践的体験として学んでいく場が特別活動であるとも言える。道徳実践の場として意識しながら指導するなら、望ましい人間関係を構築できずに戸惑う子どもたち、集団の一員としての自覚に基づいて問題解決にあたろうとする意欲をもてないで躊躇している子ども、自分自身の存在そのものや言動に自信がもてないで悩んでいる子どもたちの内面を耕し、道徳的実践力形成機会として機能する二重スパイラルな意図的教育機会となることは言うまでもないことである。

②学校生活の当事者としての活動

　特別活動で学ぶ「生きる力」、それは社会性をも包含する道徳性を培う道徳教育とも緊密に関連し合うものである。また、各教科等で培う知性とも緊密に関連する人格形成の基礎を成す人間として生きる上で求められる資質・能力とも連環し合うものでもある。その点から言及するなら、特別活動、とりわけ学級活動は子どもの学校の集団活動における日常生活を前提に展開される教育活動であり、そこに生ずる様々な諸問題や課題と当事者である自分が正面から向き合うより現実的な、地に足の着いた学習である。「なすことによって学ぶ」という特別活動の究極目的を体現する学級活動においては、人とこと、人とものといったかかわりも含め、その先にある人と人との直接的なかかわり合いの中においてのみその学習が成立するのである。そして、そこでの学びはただ与えられたものを獲得するといった四角四面で受動的なものではなく、互いの温もりや思いが通い合う機微に富む「知情意」が渾然一体となった能動的かつ可変的な学びである。そこで織りなされる人と人との魂の響き合いに基づく学びは、明日へ生きる希望と可能性を尽きることなく拓いてくれるのである。学校生活

の当事者としての学びこそ、学級活動を展開する際の前提要件としていかなければならない。そして、人と人とが出会い、かかわり合い、理解し合い、共に手を携えて新たな世界に一歩踏み出すことが可能になってくる。そんな具体的かつ対面的なかかわり合いこそ、学級活動が本来目指すべき姿である。

③個性が発揮されてこその望ましい集団活動

　学級活動を通して望ましい人間関係を形成し、集団の一員としての自分を自覚しながら学級や学校におけるよりよい生活づくりに参画し、眼前にある諸問題ときちんと正対しながら解決しようとする自主的、実践的な態度や健全な生活態度を育むというのは、ただ「多数決の原理」を原則論として運用することではない。そこにいる人の息づかい、その場・その時を共有しながら生きる人の心の機微に触れながら寄り添い、理解しながらの意志決定が大切なのである。

　集団活動では、ややもすると少数の声の切り捨てや集団の論理が優先されて個性発揮の機会を埋没させてしまうような傾向が生じやすい。それは、本末転倒である。近代日本開花に向けた啓蒙書として知られる福沢諭吉の『学問のすゝめ』(1872年から1876年にかけて17編の小冊子で刊行)の著名な一節「一身独立して一国独立す」と同様に、個があって初めて集団が成り立つのである。個が生きる望ましい集団活動という当たり前のことを実現する学校生活の基本的な学習活動が学級活動であることを改めて認識しておきたい。

2　児童会活動・生徒会活動での学校生活づくり
(1) 児童会活動・生徒会活動の目標とその内容

　児童会活動・生徒会活動は、学校に所属する全員の子どもたちによって組織される教育活動である。学習指導要領では、以下のように述べられている。

《学習指導要領における小学校児童会・中学校生徒会活動の内容》

小　学　校	中　学　校
［目標］児童会活動を通して、望ましい人間関係を形成し、集団の一員としてよりよい学校生活づくりに参画し、協力して諸問題を解決しようとする自主的、実践的な態度を育てる。	［目標］生徒会活動を通して、望ましい人間関係を形成し、集団や社会の一員としてよりよい学校生活づくりに参画し、協力して諸問題を解決しようとする自主的、実践的な態度を育てる。
［内容］ 　学校の全児童をもって組織する児童会において、学校生活の充実と向上を図る活動を行うこと。 (1) 児童会の計画や運営 (2) 異年齢集団による交流 (3) 学校行事への協力	［内容］ 　学校の全生徒をもって組織する生徒会において、学校生活の充実と向上を図る活動を行うこと。 (1) 生徒会の計画や運営 (2) 異年齢集団による交流 (3) 生徒の諸活動についての連絡調整 (4) 学校行事への協力 (5) ボランティア活動などの社会参加

①　児童会活動

　小学校における児童会活動は、全校児童で組織する異年齢集団による自発的・自治的な活動を通して学年や学級の枠組みを超えた望ましい人間関係の形成をその目的としている。そして、異年齢集団活動を通して学校生活に内在する様々な諸問題を解決したり、異年齢の集団活動を通じて互いに理解し、協力し、信頼して支え合ったりする中で、子ども自身の参画によってよりよい学校生活づくりが実現するように適切な指導が望まれるのである。

　なお、この児童会活動の運営は主として高学年児童によって主導されるが、児童会活動の目的を体現するためには、下学年の子どもたちも児童会活動に対して思いや願いが反映できるようにするといった組織運営体制の確立が不可欠であることも押さえておきたい。それを体現するためには、以下のような活動のポイントに留意していきたい。

《児童会活動活性化のポイント》
A. 児童会としての主体性に基づく計画や運営の重要性

　子どもの自発的・自治的な活動として展開される児童会活動では、高学年児童が中心となって自分たちで話合って活動計画を立案し、その実際的場面での運営にあたれるようにすることが大切である。その際の指導のポイントは、何を目的とし、いつまでに、どんなことを、どのように進めていくのかという見通しを子ども自身がもてるような活動環境を設定していくことである。

　このような自主的・実践的な態度形成への視点が明確であるなら、主に高学年児童で構成される代表委員会活動、委員会活動、児童会集会(全校集会、低・中・高学年あるいは兄弟学年集会等)が円滑に行われるための支持的教育活動環境として機能するようになる。

B. 異年齢交流による学び合い・磨き合いの場の重要性

　子どもたちの望ましい人間関係は、同じ場、同じ時間、同じ体験を介することで促進される。ましてやその人間関係づくりの機会が異年齢集団であれば、同年齢集団よりも互いの気づきを促す要素は数限りなく増大する。異年齢であれば、まず相手を認め、受け入れなければ一歩も前には進めない。互いに理解し合う努力とその方法を工夫しなければ、相手との双方向的なコミュニケーションは成立しない。このような具体的な体験の場を経ることで、子どもたち相互の学び合い、磨き合いによる人間関係構築力は育まれるのである。

C. 学校行事に主体的にかかわることの重要性

　学校生活に変化や潤いを与える学校行事に児童会活動が関与することは、その目的性や活動主体性から考えても効果的である。例えば、運動会や学習成果発表会、勤労奉仕的な地域活動といった行事では、計画段階から児童会の代表委員会が関与することは大いに考えられることである。また、遠足や集団宿泊的な行事においても、ある特定部分は子どものたちの創意工夫を盛り込んだ取り組みにすることは比較的容易である。また、高学年児童による委員会活動も自発的・自治的な関与によって日常活動とは異なる主体的な活動として機能する絶好の機会ともなる。

　このように、それぞれの教育活動の特質を踏まえながら「自主的・実践的な態

度」を育成するという共通の目的性を有する学校行事に敢えて児童会活動を関与させることで、同一の教育活動として展開しながら複数の目的を並行して同時達成することも可能となってくる。そのためには各指導者は互いに連携を密にし、相互補完的な教育機会が実現されるような創意工夫が常に望まれるのである。

② 生徒会活動

　生徒会活動は、全校の生徒を会員として組織される自発的・自治的な活動である。その目的は、自分たちの学校生活の充実発展・改善向上を期して生徒が主体的かつ組織的に行う活動を通して、一人一人が生徒会組織の一員であるという自覚と責任感をもち、互いに信頼しながら協力し合い、支え合うことで「望ましい人間関係」を構築していくことにある。そして、目的達成に向けてのキーワードは、「自主的・実践的な態度」の育成である。

　青年期前期という人格的発達段階期に位置する生徒たちにとって、生徒会活動は自らの自発的・自治的な計画・運営によって自立的に校風を確立しようとする絶好の機会となることをまず基本要件として押さえておきたい。もちろん、そのような「自主的・実践的態度」が突如として発揮されることはあり得ないわけで、そこには小学校で身に付けた態度や能力を基礎力として活用しながら、生徒自身による自治的・学校生活環境改善・向上運動となるよう発展させる視点が必要なのである。全校児童で組織する異年齢集団活動としての児童会活動から、全校生徒で組織する能動的異年齢集団としての生徒会活動へと継続・発展していく活動であることを心して指導にあたることが肝要である。

《生徒会活動活性化のポイント》
A. 自分たちが校風を創り上げていく活動

　生徒の自発的・自治的な活動として展開される生徒会活動では、年間にわたる様々な取組みを通して企画力や運営力といった個性発揮を前提とした主体性を培うという視点が重要になってくる。また、生徒一人一人が心地よく学校生活を送るためには、集団としての規律も不可欠な要件となってくる。集団生活を円滑に進めるためにきまりを設けることは必要なことであるが、校則や生徒

心得といった一方的に定められたものを遵守するという受動的な受け止めよりも、生徒相互の共通理解に基づいて申し合わせ、正しく運用されることが校風づくりのための実践という点では望ましいことである。よりよい校風づくり、地域の文化に根ざした特色ある学校づくりに、生徒会活動による主体的な取組みは欠かせない要件である。

B. 自主運営によって環境改善を図っていく活動

生徒一人一人が心地よく学校生活を送るためのさらなる要件としては、清潔で美しい学習環境づくりが考えられよう。学校の教育環境整備は本来的に組織運営者である教師側の責任において行うものであるが、だからといって生徒にまったく関与させないというのでは自校に対する愛校心など育たないことになってしまう。学校環境を改善するために生徒一人一人がかかわってこその愛校心の育みである。日常的な学級・学年単位での清掃活動のみでなく、委員会活動等で環境美化運動、保健衛生運動、緑化運動、資源リサイクル等に積極的に取組むなら、生徒の心身の健康保持のみでなく、環境保全への課題意識をも育むことにもつながってくることに留意したい。

C. 望ましい人間関係を構築していく活動

生徒一人一人の自発的・自治的な活動として展開される生徒会活動では、自分たちの学校に対する愛着、所属感、連帯感を高めながら学校生活をより充実したものにしていこうとする人間関係の構築という視点が重要である。学校行事への積極的な関与、生徒会企画による集会活動や各種活動を通して、豊かな人間関係の構築をしていくことも重要な視点である。特に、生徒会活動は必然的に年齢交流の機会となるので、企画した活動の当日のみに着目するのでなく、そこに至る準備段階での生徒相互の交流を大切にしていくことが重要である。

D. 身近な生活の改善を図っていく活動

生徒会活動にあっては、学校生活における様々な諸問題の解決も重要な取組みである。快適な学校生活を過ごすためのルールを自分たちで決定したり、いじめや暴力、迷惑行為等といった問題にも目を向けたり、学級や学年といった範囲に留まらない全校的な問題解決を目指して全校集会、学年集会等を開催して話合う手続きを学ばせることは集団への所属意識を涵養するだけでなく、集

団生活の中での倫理観や正義感を育むことにもつながってくる。そのような際の指導にあっては、人権擁護といった視点から、教師間の指導に対する共通理解や家庭・地域への協力要請といった「ぐるみで育む」という指導・支援体制を確保していくことが重要となってくる。

E. ボランティア活動等で社会参加を図っていく活動

　生徒会の活動として取り上げる企画には、ボランティア等に関するものも少なくない。ボランティア活動という概念は多様な意味を有するが、共に生きる人間として思わず手を差し伸べたくなったり、自分の力を公共のために役立てたいという願いを実現したくなったりといった善意を基底に行われる活動である。このようなボランティア活動の多くは校内に留まらず、地域の幼児から高齢者、障害者等々、様々な人とのかかわりを介して豊かな体験をもたらしてくれる。様々な社会問題への気づき、必要とされて役立つことへの気づきは、集団の一員として学校生活の充実に寄与することの意味のみでなく、社会の一員としての自覚や役割意識を自らの内に育んでいく大切な機会となる。

（２）児童会活動・生徒会活動の実践化方策

　児童会活動や生徒会活動の意義は、①自主的・実践的な生活態度の育成、②集団や社会の一員としての帰属意識の涵養と豊かな人間関係構築力の育成、③自発的・自治的な取組みによる社会性や道徳性の養いによる公民的資質の涵養、といった資質・能力の育みにある。

　それらの資質・能力は、社会的存在として生きる子ども自身の思考力・判断力・表現力、さらには実践的態度といった具体的な「生きる力」となって学校生活の中で体現されることとなる。それらの資質・能力の育成を効果的に進めるためには、活動を停滞させないための組織づくりが重要である。例えば、生徒会活動で言えば、それらの活動が活性化されるためには、継続的な組織の問題点の洗い出しが必要である。

《生徒会の組織例と問題点洗い出しの観点》

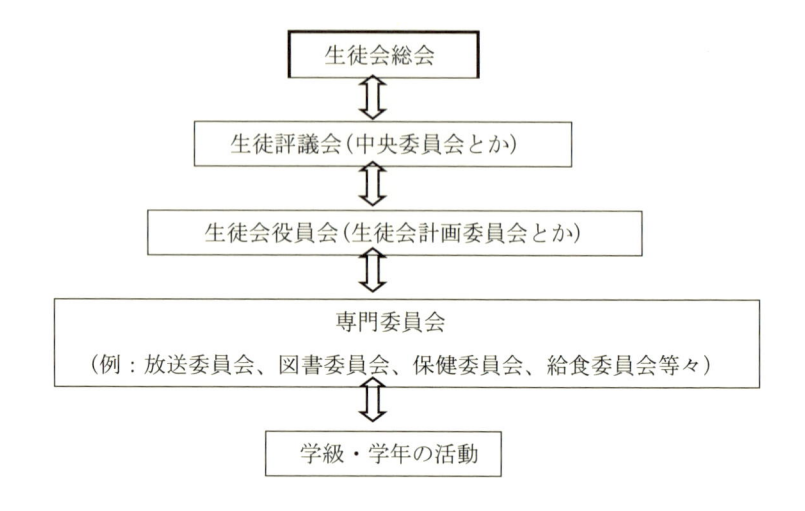

```
            ┌─────────────┐
            │  生徒会総会  │
            └─────────────┘
                  ⇕
        ┌───────────────────────┐
        │生徒評議会(中央委員会とか)│
        └───────────────────────┘
                  ⇕
     ┌─────────────────────────────┐
     │生徒会役員会(生徒会計画委員会とか)│
     └─────────────────────────────┘
                  ⇕
  ┌──────────────────────────────────────┐
  │             専門委員会                │
  │(例：放送委員会、図書委員会、保健委員会、│
  │         給食委員会等々)               │
  └──────────────────────────────────────┘
                  ⇕
            ┌─────────────────┐
            │ 学級・学年の活動 │
            └─────────────────┘
```

　【組織活動停滞要因チェックの視点】
① 委員や執行役員の選出方法は適切に行われているか。
② 全校生徒の意見が反映されるような組織や仕組みになっているか。
③ 活動時間の設定が、年間、学期、月毎に適切になされているか。
④ 各専門委員会や学級・学年での継続的取組み支援が可能となっているか。
⑤ 担当する教師の活動に対する姿勢や意識に問題はないか。

　一般的に、小学校では3年生とか4年生以上の学級代表や高学年児童によって校内仕事分担機能として組織される各種委員会の代表で構成する代表委員会が児童会活動を推進する中心的な役割を果たす。
　中学校では生徒会の最高審議組織である生徒会総会に提案する議題案の審議を行う生徒評議会(中央委員会等の名称も)、年間活動計画作成等の企画を担当する生徒会役員会(生徒会計画委員会等の名称も)、生徒会の実質的仕事を分担する各種委員会で生徒会活動は推進される。

《小学校代表委員会での活動例》

進め方	主な活動の内容等
■議　題 ■ねらい	「全校なかよしたてわり集会の計画をたてよう」 ●1年生を迎えて、縦割りグループで遊ぶ計画を立てる。 ●話合った計画をもとにして、全員でなかよく遊ぶ。
活動経過	①第1回計画委員会 ●議題を受けて、どのような全校遊びをみんなが望んでいるのか学級毎に調査してもらう。 ②第2回計画委員会 ●調査結果を受け、代表委員会実施計画を作成するとともに、議題を「代表委員会ニュース」等で全校に知らせる。 ③代表委員会：△月△日△校時　児童会議室 　Ⅰ．はじめの言葉 　Ⅱ．議題とねらいの発表、提案理由の説明 　Ⅲ．話合い 　　・調査結果の発表 　　・いつ、どこで、何のために、何をして遊ぶのか。 　　・どんな役割分担や準備、場所割りが必要か 　Ⅳ．決まったことの発表 　　・△月△日　△校時　校庭(＊雨天時は各班別教室) 　　・遊びの種類(縄跳び、Ｓケン、氷鬼・・・) 　　　＊雨天時の別バージョンも決めておく。 　　・役割　進行係、会場係、用具係、1年お迎え係・・・ 　　・場所　1班は築山前、2班は砂場前・・・・ 　Ⅴ．代表委員会担当の先生のお話 　Ⅵ．終わりの言葉
活動経過	④「全校なかよしたてわり集会」の実施 　　△月△日(△)　△校時、校庭で縦割りグループにて実施。
◆まとめ	●各学級でのふり返りをする。(よかった点、反省点、感想等)

《議題取り上げの工夫例》
　ア．議題ポストを設置して、全校から議題を募る。
　イ．各学級にアンケートをして議題を募る。
　ウ．各委員会等に呼びかけて議題を募る。
　エ．学校行事、ボランティア等への協力等を計画委員会が提案する。

(3) 児童会活動・生徒会活動における心の耕し

　児童会活動や生徒会活動の前提は、「学校の全児童・全生徒をもって組織する」という部分である。子どもたちの学校生活は、ややもすると身近な学級内の人間関係に固定化されがちになるような面もまま見られるところである。規模にもよるが、同一の学校にいながら互いによく相手を知らなかったり、自分たちの学級や学年に固執する余り、他に対して排他的になったりするといったことはよく見受けられる光景である。このような閉鎖的な集団意識、集団への近視眼的なものの見方・感じ方・考え方、かかわりの薄い他者への無関心さといった部分に気づかせ、掘り起こし、積極的に交友の輪・かかわりの輪を拡げようとする意欲や関心を意図的にもたせるのは、とても必要なことである。

　やはり、他者の溢れる思いや心の痛み、自分とは異なる感じ方等は、かかわって初めて知ることである。それは、学校生活における日常的かかわり集団である学級だけでは体験できない人間関係構築力形成にかかわる重要な視点である。社会がグローバル化や情報化した反面、人間関係の希薄さがよく指摘される。学校は、それらを解消する意図的なかかわり機会を創出しやすい長所をもっている。他者の思いは話したり、かかわってみなければ分からない。他者の心の痛みは、共に寄り添ってみなければ分からない。他者のものの見方・感じ方・考え方は共に活動してみなければ分からない。なすことによって知る他者への気づき、自分への気づきを促すところに本活動における心の耕しを見いだしたい。

3　クラブ活動での学校生活づくり
(1) クラブ活動の目標とその内容

小学校におけるクラブ活動は、①4年生以上の異年齢集団における望ましい集団活動を通して、②望ましい人間関係を形成し、③個性の伸長を図り、④集団の一員として協力し、⑤よりよいクラブづくりに参画しようとする自主的、実践的な態度を育てる、以上5点のことがねらいである。特に、異年齢集団という前提の下、興味・関心を同じくする者同士が集まって主体的に進める教育活動というのは、子どもの日常生活をそのまま学校教育の場に移行させる環境設定であり、そこでの意図的な働きかけは結果的に子どもの日常生活へとまた還元される性格を有している。よって、その取組みは「はじめに活動ありき」であって、活動を通しての結果追求をするようなものではないことを全教師で確認して教育課程に位置づける必要がある。

《学習指導要領における小学校クラブ活動の内容》

> ［目標］クラブ活動を通して、望ましい人間関係を形成し、個性の伸長を図り、集団の一員として協力してよりよいクラブづくりに参画しようとする自主的、実践的な態度を育てる。
> ［内容］
> 　学年や学級の所属を離れ、主として第4学年以上の同好の児童をもって組織するクラブにおいて、異年齢集団の交流を深め、共通の興味・関心を追求する活動を行うこと。
> （1）クラブの計画や運営
> （2）クラブを楽しむ活動
> （3）クラブの成果の発表

（2）クラブ活動の実践化方策

充実したクラブ活動を展開する際に重視していかなければならないのは、以下の3点である。

①主体的なクラブ活動計画とその運営

クラブ活動の目的を達成するため、異年齢の子どもたちが話し合ってその総意として、年間や学期、月毎の活動計画を立てたり、組織としての役割を分担したりし、協力しながらその運営ができるようにしていくことが大切である。特に、クラブ構成員は異年齢であるだけに、話合って意見を取りまとめたり、

協力し合って活動を進めたりすることは、学年や学級での様々な活動の取組とは勝手が違う面も少なくない。その中で説得したり、手助けしたりしながら、互いがどう合意形成し合って集団としての目的追求をしていけるのかが指導のポイントとなる。また興味・関心を同じくする者の集まりであるだけに、「協力し合って楽しく活動できる」という部分が中心になければ、クラブ活動を実施する教育的意味は有しなくなることを心したい。

　以上のことから、クラブ活動を教育課程に位置づける際は、継続して活動できるように年間や学期の適切な時間配当をすることが必要である。本来は、定期的に毎週クラブ活動の時間を配当することが望まれるが、学校事情によってはそうも行かない面もあろう。そのような場合は、子どもたちの活動意欲や活動に対する興味・関心の継続性を最優先に教育課程編成することが肝要である。

　②みんなでクラブ活動そのものを楽しむ

　クラブ活動はまず、楽しくなければならない。学年の異なる子どもたちが共通の興味・関心を追求するために互いが話合い、協力し合う活動であるから、その前提は「楽しむこと」である。そして、その楽しむことを追求する過程で、仲間とかかわる喜びや計画を具現化する手応え、さらには共通の目的を達成した時の充実感や達成感を実感できるようにすることが大切である。活動を楽しむということは、特別活動における人格形成のための学びを楽しむということと同義語である。

　③クラブ活動での取組の成果を発表し合う

　クラブ活動を個別的に見れば、各クラブ内での活動成果は閉ざされたものとなっている。しかし、クラブ活動は学校教育として意図的かつ計画的に実施する教育的営みである。よって、各クラブ内での取組みの成果を共有し合うことも必要なことではあるが、それをクラブ活動全体の成果として相互に発表し合い、互いに賞賛し合う場があるなら、そこでの満足感は次なる活動への原動力として蓄積される。また、新たにクラブ活動へ参加する下学年児童にとっては、上学年に進級する期待感を醸成することにもなる。

　また、子どもたちがそれぞれに共通の興味・関心を追求してきた成果を、全校児童や保護者、地域の人々に発表する機会を何らかの方法で実現していくこ

とは学校教育の継続性、学校教育の公開性という点で、とても重要な部分である。特にクラブ活動を展開するに際しては、地域関係者他によるボランティアの方々の指導を仰ぐ場面が他の教育活動以上に多くなる。地域の人的資源活用という点はもちろんであるが、何よりも地域の一員として日々暮らす子どもたちが、地域に対して自分たちの学習成果を披露することで活動意欲をさらに高めていく機会となる点も重視していきたいところである。

《クラブ活動の指導計画作成や組織化の進め方》
A．指導計画の作成手順
　ア．クラブのねらいを明確にした活動へ　＊興味・関心の追求活動
　　　　↓
　イ．子どもの発達段階に即した活動へ　＊自発的かつ継続的な活動
　　　　↓
　ウ．学校や子どもの実態に即した活動へ　＊内容、規模、指導者等
　　　　↓
　エ．全教師の共通理解で進める活動へ　＊目的を共有した指導計画
　　　　↓
　オ．他の教育活動とのつながりが見える活動へ　＊教育目標の具現化

B．活動組織づくりの手順
　ア．子どもの興味・関心が反映されていること
　イ．個々の活動内容が教育的意味を有するものであること
　ウ．子どもが自主的に計画・運営できる範囲内の活動であること
　エ．他の教育内容との重複があまり生じないこと
　オ．学校の施設や設備、地域人材活用等の範囲内であること
　★各学校が置かれた地域的実態、学校規模、クラブ活動の指導にあたる教師の指導性等々の考慮も必要となってくる。

［新学期からの活動に向けた組織づくり例］
　1〜2月　　　　クラブ活動参観（3年生）
　2月中旬　　　クラブ成果発表会（全校および保護者、地域へも公開）
　2月下旬　　　第1次所属希望調査（3、4、5年生）

3月上旬　　　　結果集計と設置クラブの仮決定
3月下旬　　　　対象学年児童と教師集団との合意による設置クラブ決定
4月上旬　　　　担当教師の決定と第2次所属希望調査（新6年の希望優先）
4月中旬　　　　所属クラブ決定と活動組織・活動計画決め

[考えられる設置クラブの類型化]
● スポーツ系：サッカー、バスケットボール、バレーボール、卓球、バドミントン、一輪車、体操、陸上競技等々
● 芸術系：合唱・合奏、鼓笛、伝統芸能、演劇、文芸、絵画、書道等々
● 趣味系：手芸・刺繍、料理、園芸、囲碁・将棋、鉄道、漫画・イラスト、工作、模型製作等々
● 学習系：社会科、科学、理科実験、天文・気象、郷土史、新聞等々

[年間活動計画作成例　＊3学期制実施校]
クラブ名「伝承遊びクラブ」　　部長：△△　△△、担当教員：△△　△△

学　期	活動のねらいと活動内容
1学期	◆活動のねらい　みんなで伝承遊びを楽しむ。 ◆活動内容 ・組織決めと年間活動計画作成 ・外遊びを中心に楽しむ。 　（かくれんぼ、缶けり、Sけん、ゴム跳び等） ・1学期のふり返りと2学期への希望発表
2学期	◆遊びのルールや方法を身に付ける。 ◆活動内容 ・外遊びと室内遊びを季節に合わせて楽しむ。 　（竹馬、凧揚げ、ビー玉、けん玉、お手玉、コマ回し等） ・2学期のふり返りと3学期への見通しの話合い
3学期	◆活動成果のまとめと発表をする。 ◆活動内容 ・クラブ見学での活動紹介 ・クラブ発表会に向けての準備（内容、分担、練習） ・クラブ発表会への参加 ・1年間の活動成果のふり返りと感想発表会

（3）クラブ活動における心の耕し

　クラブ活動で大切なことは、子どもの活動を見守ることである。つまり、同じ活動を希望する４年生、５年生、６年生の同好メンバーによって組織され、自主運営されるのがクラブ活動であるから、そこには子どもの活動主体性というものが前提になければならない。クラブ活動における指導で何よりも大切にしなければならないのは、活動結果ではなく、活動そのもののプロセスにあるということである。プロセス重視における教師の役割は、子どもたちが自分たちで相談し合い、納得し合い、活動し合うことが安心して取組めるように見守り、活動環境を整えてあげることである。例え稚拙であったとしても、自分の興味関心に基づいて主体的かつ自発的・自治的に進める活動は何にも代えがたい心の糧となるはずである。子どもたちの活動を見守り、時には認め、時には励まし、時には勇気づける、そんな姿勢が活動を支える原動力となることを心して教師は指導にあたることが大切である。

　また、クラブ活動のいちばんの特徴は、異年齢集団によって校正される活動である点である。学校生活の多くの場面は同年齢での活動が占めるが、クラブ活動では６年生は下学年生のより理解者であり、様々な面で手助けしたり、助言したりする役割を担う。５年生は６年生を助けながら、下級生が楽しく活動できるよう援助する役割を担う。４年生は上級生の活動する姿を通して未来の自分の役割について理解を深めたり、上級生に感謝と敬愛の念を抱いたりしながら参加することを体験的に学ぶのである。このような人的なつながりを共通の興味・関心を追求する中で知らず知らずに学んでいけるような活動環境整備こそ、教師の大切な心の耕しとなるのである。

【第６章の参考文献】
(1) 文部科学省　『小学校学習指導要領解説特別活動編』　2008年　東洋館出版社
(2) 文部科学省　『中学校学習指導要領解説特別活動編』　2008年　ぎょうせい
(3) 文部科学省　『小学校学習指導要領解説総則編』　2008年　東洋館出版社
(4) 文部科学省　『中学校学習指導要領解説総則編』　2008年　ぎょうせい
(5) 新富康央編　『小学校新学習指導要領の展開 特別活動編』　2008年　明治図書

(6) 宮川八岐編　『小学校新学習指導要領の展開 特別活動編』　1999年　明治図書
(7) 天笠茂編　『中学校新学習指導要領の展開 特別活動編』　2008年　明治図書
(8) 横浜市小学校特別活動研究会編　『特別活動Q&A101』　1988年　コジマ印刷
(9) さいたま市教育委員会　『生き生き　特別活動』　2011年　さいたま市教育委員会発行特別活動指導リーフレット
(10) 相原次男・新富康央編　『個性をひらく特別活動』　2001年　ミネルヴァ書房
(11) 鯨井俊彦編　『別活動の展開』　2002年　明星大学出版部
(12) 本間啓二・佐藤允彦編　『特別活動の研究』　2003年　アイオーエム
(13) 渡部邦雄・緑川哲夫・桑原憲一編　『特別活動指導法』　2009年　日本文教出版
(14) 日本特別活動学会監修　『キーワードで拓く新しい特別活動』　2010年　東洋館出版
(15) 北村文夫編　『特別活動』　2011年　玉川大学出版
(16) 全国道徳特別活動研究会　『道徳・特別活動の本質』　2012年　文溪堂

第7章　特別活動学校行事の実践と心の耕し

《課題探求の視点》
学校行事で子どもの心を耕すための指導は、どうあればよいのだろうか。

1　学校行事が子どもの生活に果たす役割

小学校学習指導要領第6章、中学校学習指導要領第5章「特別活動」で示されている「学校行事」の目標は、以下の通りで文言は共通である。

> ［小学校］
> 　学校行事を通して、望ましい人間関係を形成し、集団への所属感や連帯感を深め、公共の精神を養い、協力してよりよい学校生活を築こうとする自主的、実践的な態度を育てる。
> ［中学校］
> 　学校行事を通して、望ましい人間関係を形成し、集団への所属感や連帯感を深め、公共の精神を養い、協力してよりよい学校生活を築こうとする自主的、実践的な態度を育てる。

以下に学校行事について述べる導入として、その教育的意義や特質、実践化へ向けた指導の在り方等について概括しておきたい。

（1）学校行事の教育的意義

明治5（1872）年に学制頒布がなされて以降、わが国の近代教育制度は様々な紆余曲折を経ながらその歴史を刻んできた。そして、比較的早い段階から国民皆教育としての義務教育が普及してきた点も特筆すべきことである。この点からも、わが国の学校教育重視の国民性が垣間見られるのである。そして、誰もが共通するような学校体験を有しているのも事実である。このような鮮明な記憶としての学校体験は、個人の豊かな生き方に多大な影響を及ぼすことは、

誰もが納得のいくところであろう。

例えば、具体的に思い出せる学校体験としてすぐに浮かんでくるのはどんなことであろうか。入学式や卒業式、運動会や体育祭、学芸会や学習発表会、文化祭や音楽会、合唱コンクールや持久走大会、全校球技大会、遠足や修学旅行等々、数え上げれば次から次へと記憶が甦るのではないだろうか。そして、それらの多くは特別活動の学校行事として位置づけられるものの割合が圧倒的であろう。言うなれば、学校行事は**①子どもの学校生活に望ましい秩序と変化を与える活動**であり、**②その取組みを通して協力し合いながら共に生きることを学ぶ活動**であり、**③家庭や地域社会とのつながりや一体感を肌で感じる活動**である。ややもするとマンネリ化しがちな学校生活に学校行事が組込まれると、高揚感や期待感が膨らんだり、自分の目的達成に向けての挑戦意欲が喚起されたりといった平素とは異なる胸の高鳴り等は誰しも体験するところであろう。

学校行事に一つ一つ丁寧に取組んでいくことは、教師としては気苦労が多いばかりでなく、その準備過程では負担も大きい。しかし、その取組みが子どもたちのかけがえのない人生の糧、一生の鮮明な記憶として心に刻まれ、その後の困難や試練を乗り越える原動力として作用することを忘れてはならないであろう。そのような視点に立つなら、学校行事の当事者である子どもたちにとっても、学校行事を計画・実施していく教師にとっても、やらされているという受動的立場で進めるのと、自分たちで成し遂げていくという能動的立場で行うのとでは雲泥の差が生ずることは火を見るよりも明らかである。子どもの学校生活をより豊かにし、自らを高めようとする意欲を盛り立てる機会となる学校行事の教育的意義を真摯に受け止めていくことはとても重要である。

（２）学校行事の特質

学校行事の特質を挙げるなら、大まかに４点に集約されよう。

①多様な学びの内容を含む総合的かつ体験的な活動

学校行事の内容は実に多様である。そして、それぞれに固有の特色をもつ。また、それらは各教科等での学習では得がたい実感を伴う学習成果となって子どもの内面を育む。特に、学校行事では教科学習では得がたい人間相互のかか

わり合いによる生きた社会性や道徳性を学ぶ場として機能する。

②個の内面の充実と発展可能性を拓く活動

多様性を含む学校行事は、普段の教科等学習では顕在化しにくい個々の特性を大きく開花させる要素を多分に含んでいる。日常の学校生活ではあまり目にすることができない互いの個性的な特徴を理解し合ったり、自ら自覚したりする大切な機会となる。

③所属集団への帰属意識や愛着を育む活動

学校行事に取組むということは、人とかかわるということそのものである。そして、同じ目的や目標を共有し合ってその達成を目指す活動でもある。当然、そこでは他者を信頼し、共感し合い、協力し合い、目的達成の充実感や喜びの分かち合い感を存分に味わうこととなる。つまり、自分が所属する組織集団への帰属意識・愛着感を培う得がたい場となるのである。

④組織的に行う自主的・実践的な活動

集団的な取組みが主題となる学校行事では、自主的・実践的な具体的な活動を通して、集団のきまりや望ましい集団の在り方について体験的に理解することができる。例えば、運動会や体育祭等は互いが主体的にかかわり、協力し合っていかなければ行事そのものが成り立たないのである。もちろん、その行事内容によって個々のかかわり方は異なってくるが、準備段階から終了後の片付けやふり返り活動まで、そこには組織的なかかわりが常に生じている。確かな手応え、共感し合う喜びや達成感、成就感は組織的に行う自主的・実践的活動としての学校行事だからこそ味わえるのである。

（3）学校行事における指導の在り方

学校行事は子どもたちの自主的・実践的な活動として取組まれる。しかし、それが円滑に、そして教育的意義を含意してなされるためには当然のことであるが、そこには教師の指導性が発揮されていなければならないのは言うまでもない。さらに大切な点は、学校行事の指導を介して子ども一人一人の人間的な善さの発揮や内面的な成長の歩みを見取っていくことである。そのためには、指導にあたる全教師で予め行事指導における共通する内容と評価すべき観点と

を明確にして立案しておくことが必要なのである。

　以上のように、特別活動は教師主導の教育活動ではないため、教師の指導性が直接的なことよりも、子どもの主体性を発揮させるための間接的な支援・援助となる。それゆえにどのような指導の在り方が望ましいのか、どのように子ども個々の成長を見取ればよいのかというぶれない視点を定めておくことが何よりも大切なのである。また、学校行事における指導にあっては、子ども一人一人が自らもっている善さを豊かに発揮し、進んで活動することを尊重する共感的な支援に努めるという指導の姿勢が、さらなる可能性を押し拡げる上で有効に機能するものであることにも心砕いていきたい。

2　儀式的行事での学校生活づくり
（1）儀式的行事の内容

　儀式的行事は厳粛でけじめのある雰囲気を体験することで、学校生活の節目節目に変化をもたらし、次なる学校生活への期待感や決意、見通しをもたせる役割を果たす。

　ややもすると、この儀式的行事は教師主導で権威的なものとなりやすいが、子どももその活動展開に関与する部分が明確に位置づけられるように工夫すると積極的に参加したり、進んで活動したりすることが可能となってくる。

《学習指導要領における小・中学校儀式的行事の内容》

小　学　校	中　学　校
学校生活に有意義な変化や折り目を付け、厳粛で清新な気分を味わい、新しい生活の展開への動機付けとなるような活動を行うこと。	学校生活に有意義な変化や折り目を付け、厳粛で清新な気分を味わい、新しい生活の展開への動機付けとなるような活動を行うこと。

（2）儀式的行事の実践化方策
　①儀式的行事の事例

　　入学式、卒業式、始業式、終業式、終了式、立志式、離着任式、退任式等

　②儀式的行事における指導の工夫

ア．厳粛で清新な雰囲気を味わえるように考慮する。
イ．儀式的行事を計画・実施するのはあくまでも教師側であることを自覚する。
ウ．校内の子ども全員が何らかの形でかかわれるような活動を考慮する。
エ．校内の全教師による指導体制を確立する。
オ．入学式、卒業式等の改まった場においては国旗を掲揚し、国歌を斉唱するようにする。

　この儀式的行事への子どものかかわらせ方のポイントは、その意義を理解しているか否かの点に尽きる。例えば卒業式でのお別れの言葉を呼びかけ形式で行う場合、その言葉の一つ一つが自分の体験に基づく中から生み出されたものであれば、そこには子どもの主体性が必然的に発揮され、参加させられているという傍観者的な意識など生じようがない。例え学校や教師が企画立案したとしても、そこに子ども切実な思いや願いが発揮できる場が介在するなら、それは子ども自身にとっての意味ある行事として認識され、受容されるのである。

（3）儀式的行事における心の耕し

　人間は人の中に生まれ、人の中で育まれる。子どもたちにとって、学校はまさに自分の独自性や自分らしさに気づき、所属する集団の中で自分自身の個性を伸長して人格的な成長を遂げていく場そのものである。その自己指導力発揮の前提となるのは、集団の一員としての自分に対する気づきである。この当たり前の事実への自覚が、まず何よりも必要なのである。集団の一員としてというこの自覚があってこそ、その中での役割に思い至ったり、責任を果たすことの意味を理解したりするのである。

　儀式的行事は、子どもたちにとって自分が社会の一員、集団の一員としての気づきを促す重要な機会となるのである。そして、社会的存在として自己の勝手気ままさ、身勝手さを慎み、他者と手を携えて歩まなければならない「支え合って共に生きる存在」としての自分自身について理解を深めるのである。

　よって、儀式的行事は子どもにとって個性を集団に従わせる拘束的、受動的なものでは決してない。集団の中にあってかけがえのない個性を自ら見いだす

その第一歩、こう理解するのがまさに適切であろう。このような指導観に立って儀式的行事を問い直すなら、その指導プロセスにおいて子どもたちへ働きかける意識化の手法もおのずと異なってくるはずである。

3 文化的行事での学校生活づくり
（1）文化的行事の内容
　文化的行事は、子どもの主体性や創造性を生かしながら日頃の学習成果も含めて総合的に学びの力として、学んだ結果として発揮できる要素を多く含んでいる。そして、これらの行事を通してさらに自己の資質・能力を高めたり、可能性を拡げたりしてより文化的に高いもの目指そうとする意欲を高めるような指導の工夫をしていくことが求められる。

《学習指導要領における小・中学校文化的行事の内容》

小　学　校	中　学　校
平素の学習活動の成果を発表し、その向上の意欲を一層高めたり、文化や芸術に親しんだりするような活動を行うこと。	平素の学習活動の成果を発表し、その向上の意欲を一層高めたり、文化や芸術に親しんだりするような活動を行うこと。

（2）文化的行事の実践化方策
①文化的行事の事例
> 音楽会、演劇教室、文化祭、合唱コンクール、作品展、書き初め展、映画鑑賞会、講演会、弁論大会、新入生を迎える会、卒業生を送る会等々

②文化的行事における指導の工夫
　ア．子どもの活動意欲を尊重し、自主的な活動、運営ができるようにする。
　イ．特定の子どもだけでなく、全員が何らかの形で主体的にかかわれるよう考慮する。
　ウ．行事のための準備に過大な時間や負担が生じないよう配慮する。
　エ．行事に参加する子どもの創意工夫が生かされるような活動場面を設定できるようにする。

文化的行事における指導のポイントは、全員が何らかの形で活動へ参加し、

同時に運営のための役割分担を担うことである。そのような責任を負うことで、活動過程での他者とのかかわり中から子どもそれぞれに自己存在感、所属感、連帯感等を実感するからである。また、準備段階から事後の片付けに至るまで一連の役割の責任を全うすることの大切さを体験的に学ぶ絶好の機会でもある。

（3）文化的行事における心の耕し

　人間は、ただ日々を漫然と生きるだけではない。どのような環境に置かれても自らの生活の中に喜びや希望を見いだし、そこで生きる自分を楽しむ存在なのである。ならば、子どもとて同様である。学校生活は子どもにとって、まさに自らの日々の生活に喜びを見いだし、それを存分に享受し、よりよい明日への可能性を見いだす場そのものなのである。文化的行事は、個性ある子どもたち一人一人にとって、学校生活の場で自分を輝かす成長の舞台そのものである。その舞台となる個性発揮の教育的環境を、教師は学校行事を通して少しだけ整えてやればいいのである。後は、それを思う存分に活用し、可能性を押し広げるのは子ども自身の自発的な意思と実践力である。「自ら光る」という自立的存在、「自ら輝く」という能動的存在が子ども本来の姿であり、それを支援・援助していくところに特別活動に携わる教師の役割があると言うべきであろう。

　特に、文化的行事で子どもの主体的な活動の余地を大切にするのは、個々の個性への可能性への期待そのものからである。特定の子どもが活躍するのではなく、それぞれの持ち場で、それぞれの子どもがその個性に応じて活躍できること、それが何よりも尊いのである。自己への信頼感、自己の可能性への期待感、自己の生き方への確かな自信という人間存在の根幹部分を育むことと緊密に関連し合う部分が大きいのは、やはりこの文化的行事であろう。

　肝要なのは、1年間の学校行事を手間暇かかる面倒くさいものとして消化するという発想を断ち切り、普段の教育活動では十分にできないことを手間暇かけて子ども育てに活用できる好機が学校行事と教師が自覚することである。

4 健康安全・体育的行事での学校生活づくり

（1）健康安全・体育的行事の内容

　健康安全に関係する行事の内容が幅広いのも、この行事の特色である。健康の必要性だけでなく、日常生活における事故や自然災害等の発生といった安全な暮らしとその備え、健康の維持増進に努めることの大切さを理解させつつ、どのような生活態度が求められるのか、とのような生活の工夫が必要なのかを実践的に考えさせていくことが重要である。

　また、体育的な行事についてはそれにかかわる全教師の理解の下、保護者や地域の協力も得ながら子どもの活動意欲を高めていくことが大切である。そして、生涯にわたる健康増進や体力向上、スポーツに親しむ態度等の育成が重要となってくる。健康安全、体力づくりといった事柄は、子ども自身の生きる根幹にかかわる内容であるだけに、きちんと向き合えるような指導が必要となってくる。

《学習指導要領における小・中学校健康安全・体育的行事の内容》

小　学　校	中　学　校
心身の健全な発達や健康の保持増進などについての関心を高め、安全な行動や規律ある集団行動の体得、動に親しむ態度の育成、責任感や連帯感の涵養、体力の向上などに資するような活動を行うこと。	心身の健全な発達や健康の保持増進などについての理解を深め、安全な行動や規律ある集団行動の体得、運動に親しむ態度の育成、責任感や連帯感の涵養、体力の向上などに資するような活動を行うこと。

（2）健康安全・体育的行事の実践化方策

①健康安全・体育的行事の事例

　健康診断、身体測定、給食関連指導、交通安全教室、防災避難訓練、運動会、体育祭、体力測定、持久走大会、水泳大会、駅伝大会、球技大会等々

②健康安全・体育的行事における指導の工夫

　ア．子どもや地域の実態に即して、できる限り集中的・総合的・組織的に実施できるようにする。

　イ．具体的な場面で適切な避難方法等が取れるようにする等、形式的な指

導に流れないようにする。
ウ．交通安全指導等は実施時期を考慮し、安全な登下校や日常生活が送れるようにする。
エ．運動会や体育祭では地域性、地域の伝統文化を考慮することも大切であるが、子どもたちに過大な負担がかからないよう考慮する。
オ．校内記録会や地域の競技会等ではいだずらに勝負や成果にこだわることがないよう十分に考慮する。

　健康安全・体育的行事は、子どもの主体性が計画段階から存分に発揮できる場面もある反面、教師の意図的な指導計画に基づいて展開される場合もある。しかし、大切なことは子ども一人一人が自らの健康安全に留意し、心身共に健やかな生活を送れるようにすることである。ややもすると、体育的行事ではその結果にこだわりがちになるような場面も少なくない。そこで、フェアプレーの精神、参加することの意義等にも思い至らせるような指導にしていきたい。

(3) 健康安全・体育的行事における心の耕し

　自分が今を生きていることの充実感を感じたり、自分の未来への期待感をもてたりするのは、何と言っても自分の心身がまず健康であることが前提となっている。病弱であったり、健康面での不安を抱えたりしているなら、日々の生活を楽しむことや未来に期待する前に、明日の我が身を案じることが先に立ってしまうであろう。また、心の迷いや悩みとて同様である。心身共に健康で日々の生活を送ることができる、体力と気力が漲る時を過ごすことで自分の可能性への自信を感じることができるなら、それは生きていることの証を実感できる素晴らしいことである。そもそも、人は自分の意志というよりも、大いなるもの（something great）の力のよってこの世に生を受けた存在なのである。そして、その生の終焉も大いなるものの手に委ねられる。ならば、人間の一生は他律的かつ受動的なものなのかというと、決してそんなことはない。この世に生を受けたその時から、自らの意志でその生を全うしようとする存在が人間なのである。その生を脅かす健康面や安全面での不安こそ、未来への光明を閉ざす要因となるのである。

健康安全・体育的行事は、単に目先のことに囚われるような近視眼的な指導観によって進めるようなものではない。一人の人間の生涯にわたる望ましい人格的発達にかかわって、それを支え、実現していくための指導という巨視的かつ複眼的な立場での指導が求められる。当然、そのような視点に立つなら、体育的行事等で勝敗のみにこだわって一喜一憂したり、アンフェアな振る舞いをしても結果にこだわったりといったことは実に些細なことにしか見えないことになろう。

5　遠足（旅行）・集団宿泊的行事での学校生活づくり
（1）遠足（旅行）・集団宿泊的行事の内容

　小学校における遠足・集団宿泊的行事、中学校における旅行・集団宿泊的行事は、日常の学校内を中心とした教育活動の場を離れ、校外において様々な豊かな体験活動を重ねながら行うところに特色がある。従って、学校外の教育活動の場としては、豊かな自然環境や社会的・文化的環境が求められる。また、そのような校外活動は集団活動でもある場合が多いので、そこで人間的なふれあいや共感・共有体験が自主性や自立心、公徳心等を養う絶好の機会となって機能する。よって、指導にあっては物見遊山になったり、活動目的のみこだわったりということに終始しないよう配慮していく必要がある。校外活動でかかわる人、こと、ものの全てが子どもにとって学びの対象であるという姿勢が何よりも重要である。

　交通網や情報網が未整備の時代にあっては、見聞を広めるといった視点で学校が組織的に行う遠足や社会見学、旅行等のもつ意味は大きかった。また、かつては地域の中にあった子どもや若者の自立を促す子供組、若者宿、若衆宿等と呼ばれた拠点があって、そこに参加することで集団のルールや集団の一員としての立ち振る舞いを学んだものであったが、社会の進展と共にそれは意図的に組織しなければ学べない状況となっている。このような背景を受けての活動が遠足・集団宿泊的行事（小学校）もしくは旅行・集団宿泊的行事（中学校）と解することができよう。

　このような行事の実施に際しては、不測の事故や緊急事態の発生も想定され

ることである。教育効果と危険性が同居する行事という認識を参加する全教師が共有し、その対応策や具体的マニュアル等の事前準備が不可欠である。

《学習指導要領における小・中学校学級活動の内容》

小　学　校	中　学　校
自然の中での集団宿泊活動などの平素と異なる生活環境にあって、見聞を広め、自然や文化などに親しむとともに、人間関係などの集団生活の在り方や公衆道徳などについての望ましい体験を積むことができるような活動を行うこと。	平素と異なる生活環境にあって、見聞を広め、自然や文化などに親しむとともに、集団生活の在り方や公衆道徳などについての望ましい体験を積むことができるような活動を行うこと。

（2）遠足（旅行）・集団宿泊的行事の実践化方策

①遠足（旅行）・集団宿泊的行事の事例

遠足、修学旅行、自然教室、林間学校、臨海学校、移動教室等々

②遠足（旅行）・集団宿泊的行事における指導の工夫

ア．指導計画立案時に子どもの主体的な活動が保証できるようにする。

イ．一人一人が組織の一員としての役割を担当し、その責任を果たしながら活動に寄与する充実感を味わえるようにする。

ウ．それぞれの行事の特色を生かし、普段の学校生活では味わえない豊かな体験ができるようにする。

日常の学校生活を離れ、校外の豊かな自然環境や文化環境に触れる体験を通して、学習活動を充実させるところにこの行事の特質的意義がある。校外における集団活動を通して子ども同士、子どもと教師との人間的なかかわり活動の中で、基本的な生活習慣や公徳心等が切実感を伴って自覚される機会でもあることに留意していきたい。

（3）遠足（旅行）・集団宿泊的行事における心の耕し

遠足や修学旅行、自然教室等、集団での泊を伴う学校の教育活動は、子どもたちの忘れがたいかけがえのない印象を刻み込む。諺にもあるが、「同じ釜の飯

を食う」とは、生活する場を共にして、一つ一つの体験を共有し合う関係である。それは家族のように親しく交わり、時には、困ったことや苦しいこと、悲しいことを分かち合い、時には共に事を成し遂げた時の喜びや楽しみを分かち合って過ごすという社会的存在として生きる人間に不可欠な「つながり感」を与えてくれるのである。

　現代社会では核家族化や個室化が進む中で、他者との共有スペース（空間、時間、事柄等）よりもプライベートなパーソナルスペースが優先される傾向にある。しかし、様々な災害等発生時に人々が何よりも真っ先に求めるのは、人と人とのつながり感である。差し迫った事態に遭遇するといった特殊な状況だからという解釈もできようが、人は人と支え合って生きる存在なのだという当たり前のことを学び、自覚するのは、換言するなら、人として生きることそのものを学ぶをことでもあるのである。遠足（旅行）・集団宿泊的行事は、互いの共有体験を通して他者との関係性を学ぶ貴重な場であるという認識から、その実施の在り方を検討・計画していきたいものである。

6　勤労生産・奉仕的行事での学校生活づくり
（1）勤労生産・奉仕的行事の内容

　かつてに比べ、わが国の子どもたちの勤労体験、物づくり体験、奉仕的体験等が極端に減少していることは各種の調査で明らかであり、危機感を抱く教育関係者も少なくない。現行学習指導要領でも強調されている勤労体験や物づくりといった生産体験、ボランティア体験等の充実は喫緊の課題でもあり、各学校の教育課程に各教育活動が相互に関連し合うようなで形で位置づけられるよう配慮していくことが必須となっいる。

　身近な地域の人々や異なる年代の人々との交流体験、雄大な自然というよりも身近にある自然の神秘に触れる体験等、他者や社会、自然、環境とふれあい、共感的に理解し合うという営みは、人間が生きていく上で不可欠なことなのである。それを直接的に行うのが、この勤労生産・奉仕的行事である。

《学習指導要領における小・中学校勤労生産・奉仕的行事の内容》

小　学　校	中　学　校
勤労の尊さや生産の喜びを体得するとともに、ボランティア活動などの社会奉仕の精神を養う体験が得られるような活動を行うこと。	勤労の尊さや創造することの喜びを体得し、職場体験などの職業や進路にかかわる啓発的な体験が得られるようにするとともに、共に助け合って生きることの喜びを体得し、ボランティア活動などの社会奉仕の精神を養う体験が得られるような活動を行うこと。

(2) 勤労生産・奉仕的行事の実践化方策

①勤労生産・奉仕的行事の事例

　大掃除、地域美化運動、飼育栽培活動、地域施設訪問、職場体験等々

②勤労生産・奉仕的的行事における指導の工夫

　ア．予め取組むその行事の教育的意義を子どもが十分に理解し、進んで活動できるようにする。

　イ．飼育・栽培活動等では収穫や生産の喜びが味わえるような機会や場も考慮して活動に取組めるようにする。

　ウ．子どもの発達段階を考慮し、それぞれの子どもの実態に即した役立ち感、充実寒が味わえるようにする。

　勤労生産やボランティア等の奉仕活動は、実際に体験することではじめてその意義や活動の意味を理解する体感的な側面が少なくない。よって、生産活動や奉仕活動を断片的でなく、継続的かつじっくりと取組んでそのよさを実感できるような活動環境を整えていきたい。かかわることで自然へ感謝の念をもつこと、他者の思いを理解すること、活動することで他者や社会に役立てた実感をもつこと、いずれの側面でもその内面的な実りは大きいものがあることを心して指導にあたりたい。特に、中学校での就業体験等は、具体的かつ個別なキャリアデザインを考えるきっかけとしての意味を見いだせるであろう。

（3）勤労生産・奉仕的行事における心の耕し

　今日の学校教育では、ボランティア活動に対する認識が低年齢層まで広く浸透してきている。阪神淡路震災、東日本大震災等々の自然災害、原発事故といった人災を前に、多くの人々が他人事ではなく、自らの心の痛みとして受け止め、そして自分にできることとして行動している。それ自体は素晴らしいことであり、これからの社会に引き継いでいかなければならない社会的財産でもある。よく、ボランティア活動については、以下のような3原則が挙げられる。

《ボランティア活動の3原則》
① 自発性の原則
② 公共性の原則
③ 無償性の原則

　もちろん、ボランティア活動は自発的意志に基づくものであるし、それは私的な側面よりも公共性に叶うものでなければならない。また、手を差し伸べずにはいられないという切なる内面から湧き起こる活動動機に拠るものだけに、金銭的な授受というのは論外であろう。ただ、これからの少子高齢化社会の到来は、このような原則論だけでは済まされないような事態も生じてこよう。

　例えば、全国的なセーフティネットの受け皿となっている社会福祉協議会にボランティア登録する人も年々増加傾向にある。そんな中で、受け入れ側の思いとは裏腹に、自発的な意志による無償行為であるから自己都合によるキャンセルも当然であるといった安易な風潮もみられると漏れ聞こえてくる。このような状況は如何なものであろうか。例え無償のボランティアであっても、その先には助力を必要としている具体的な姿形の伴う他者がいるのである。地域や行政等によっては、交通費等の実費等を保証する有償ボランティアの動きもみられる昨今である。それはボランティアではないのか。何のためのボランティアなのか、ボランティアの先につながっている他者の息づかいを感じられないようなボランティアとは、そもそもボランティアと言えるのか。

　有償ボランティアの動きは、単にアルバイト的な発想から生まれたものではない。ボランティアする人の先につながる援助を必要としている人の切なる思いを確実に受け止めるための、それこそ本来の意味でのセーフティネットなの

である。「なすことによって学ぶ」のが特別活動である。そこには自分につながる他者や社会に対する認識と洞察が常に求められるのである。そうでなければ、いかなる具体的な体験活動も形骸化した無意味なものに化してしまうからである。

　勤労生産活動とて同様である。ただ金銭的な授受の伴う雇用関係のみに執着するなら、人の人生の大きな部分を占める勤労は実に味気ないものとなってしまう。勤労することに社会的な意味を感じ、自分自身が勤労することが自己実現の一部分として重なり合うなら、一生の多くの時間を費やす意義を感得することができよう。自分はなぜそれをしているのか、どうして自分はそれをやらなければならないのか、自分がやっていることが社会にとってどのような意味を有しているのか等々、勤労生産・奉仕的行事は常に人間としての在り方や生き方と深く結び付くものであることが理解できよう。それを学校教育の中でどのように文化伝達として実現し、継承していけるを真摯に考えていくことが結果的に、子どもたちの心の耕しとなるに違いない。

7　結言　特別活動で育む思いやりの心・公正な心・挫けない心

　「結言」という言葉が物語っているように、文字通り本節は章のまとめというよりも、本書で問いかける特別活動という教育活動を通じての「心の教育」についてのまとめに相当する。特別活動で育む思いやりの心、公正な心、挫けない心といった「心の教育標語」的な要素は、果たして子どもたちの内面を育むという側面から見た場合、どのような意味を有するものなのであろうか。本書のまとめにあたって、改めて考察していきたい。

　子どもが学ぶという行為は、教科教育であろうと、特別活動であろうとさしたる違いはない。敢えて両者の特質的な違いを挙げるとするなら、前者のように子ども自身が知識獲得という学びのプロセスを経て、自らを「識る」段階へと至らせるのか、それとも後者のように体験的に切実感をもちながら直接に人間としての在り方や生き方を「識る」ための学びを求めていくのかといった学習内容と学習目的的な違いであろう。本書では、改めて言うまでもなく後者の学びをどう育んでいくのかという問題意識に立脚しているものである。

例えば、「知る」あるいは同義語の「領る」を用いた場合、そこで意味するのはある事柄の現象・状態を隅々まで自分のものとして理解するといった意味合いでの用法となる。それをを「識る」といった用語に置き換えた場合は、物事を正しく判断・評価する力、つまり本質を見抜く見識という意味合いが強くなってくる。学校の教育課程における教育活動のおおかたを占める教科教育で目指すのは、教育基本法第2条1項に謳われた「幅広い知識と教養を身に付け、真理を求める態度を養い」といった部分にウェイトが置かれよう。つまり、「知識・理解」、「技能」といった「習得」の土台に立って、「思考・判断・表現」といった「活用」、さらには「関心・意欲・態度」を前提とした「探求」的な学びを志向することが知識基盤社会における論理的思考力（Critical thinking：対象物そのままの理解ではなく、客観的かつ分析的に理解する力）の獲得を目指すこととなる。ところが、道徳教育や特別活動にあっては、教育基本法第3条に示された「国民一人一人が、自己の人格を磨き、豊かな人生を送ることができるよう、その生涯にわたって、あらゆる機会に、あらゆる場所において学習すること」を可能とする「生き方学習」そのものが学習を通しての目的となるので、先に挙げた「物事を正しく判断・評価する力」、「本質を見抜く力」の直接的な学びとなるのである。その点で、教科学習は内容的目標設定となっており、道徳の時間や特別活動にあっては人間の在り方や生き方を第一義に志向する方向的目標設定となるのである。よって、このような事情から道徳教育や特別活動は心の教育とは重なり合う部分が大きくなるのである。とりわけ、特別活動は自主的・実践的な態度の育みという視点から、自分の生き方や人間としての生き方についての考えや自覚を深めつつ、自己を生かす能力の培いが教育活動そのものの目標となるので、子ども一人一人の内面を耕すような教育的営みでなければ用をなさないのである。

　ただ、「心の教育」と言った場合、その実相は一様ではない。「心の教育」という用語に内包されるものは、情意的側面からみた心情や感情、情操といったものの育みが考えられよう。また、望ましさという社会規範や倫理観に立脚して思考・判断する認知的側面の育みも考えられよう。さらには、このような他者とのかかわり状況に遭遇した場合はこう振る舞うべきであるといったコーピ

ング・スキル（coping skill：状況に応じた対処行動）的な能力の育みに視点を置いた行動的側面での「心の育み」も考えられよう。もちろん、それらは別個に独立して存在するのではなく、相互に関連し合い影響し合いながら機能するのが本来あるべき姿なのである。つまり、第1章で述べた通り、心というものが「人と人との間に介在する」存在であるとするなら、他者との望ましい関係を築き、発展させていく上で求められる「人間関係構築力」は、心身一如の調和的な個の内面に息づくものであろう。よって、心の学びは思考力と判断力、表現力、そして実践スキルが統合された「心即理」の実践哲学として具体化されるのである。その「心即理」の実践哲学を担うのが、学校の教育課程においては特別活動での学びと言うことになるのである。

　上述のような論理に従うなら、そこには通り一遍でない実践哲学的な学びのプロセスが求められよう。それが第4章で述べた特別活動における豊かな全我的かつ個人的な体験を意味づけ、客観的根拠の伴う一般化された経験へと高めていく「体験の経験化プロセス」としてのPARサイクルである。このPARサイクルは、特別活動では必須な要件である。

　PARサイクル、つまり、物事の内容を理解する事前準備段階（Preparation）での意識づけ、活動を通しての体験段階（Action）、活動後の振りかえり段階（Reflection）での変容を、診断的（事前）評価→形成的評価→総括的（事後）評価という一連の流れを通じて子ども一人一人の活動を意味づけさせることが心の学びになるのである。それがあってこそ、単なる成果追究のための活動ではなく、種々の豊かな学び体験が自己成長の糧として寄与している様を自覚化させることにつながってくるのである。

　このように、特別活動において大切なことは、子ども一人一人の人間としての善さや可能性を積極的に認め・励ますようにすると共に、自ら学び、自ら考える力、自らを律する力、他人と共に協調しながら活動できる力といった豊かな人間性を構成する社会性、道徳性等、「生きる力の育成」という視点からの内面の育みである。そのためには、子どもが常に自己活動を振り返りつつ、新たな自分の目標や課題をもてるようなもう一人の自分の視点、セルフ・モニタリング（self monitoring）の視点、分かりやすく置き換えるなら、「自己を見つめる

内なる目」を育てていくことが大切なのである。

　特別活動では単なる活動結果に囚われるのではなく、活動過程での個としての取組のよさ(努力や意欲等)を積極的に認め、励まし、勇気づけ、個の内面を多面的・総合的に育んでいくところに教育課程の一領域としての意義があるのである。いささかキャッチ・コピー的ではあるが、特別活動で育む心の教育の究極的な内容とは、「思いやりの心」、「公正・公平な心」、「挫けない心」といった事柄であると終筆の今頃になって、また改めて噛みしめている。(了)

【第7章の参考文献】
(1) 文部科学省　『小学校学習指導要領解説特別活動編』　2008年　東洋館出版社
(2) 文部科学省　『中学校学習指導要領解説特別活動編』　2008年　ぎょうせい
(3) 文部科学省　『小学校学習指導要領解説総則編』　2008年　東洋館出版社
(4) 文部科学省　『中学校学習指導要領解説総則編』　2008年　ぎょうせい
(5) 新富康央編　『小学校新学習指導要領の展開 特別活動編』　2008年　明治図書
(6) 宮川八岐編　『小学校新学習指導要領の展開 特別活動編』　1999年　明治図書
(7) 天笠茂編　『中学校新学習指導要領の展開 特別活動編』　2008年　明治図書
(8) 横浜市小学校特別活動研究会編　『特別活動 Q&A101』　1988年　コジマ印刷
(9) 相原次男・新富康央編　『個性をひらく特別活動』　2001年　ミネルヴァ書房
(10) 本間啓二・佐藤允彦編　『特別活動の研究』　2003年　アイオーエム
(11) 渡部邦雄・緑川哲夫・桑原憲一編　『特別活動指導法』　2009年　日本文教出版
(12) 北村文夫編　『特別活動』　2011年　玉川大学出版
(13) 森谷寛之・田中雄三編　『生徒指導と心の教育』　2000年　培風館
(14) 小泉令三編　『よくわかる生徒指導・キャリア教育』　2010年　ミネルヴァ書房
(15) 日本特別活動学会監修　『キーワードで拓く新しい特別活動』　2010年　東洋館出版
(16) 全国道徳特別活動研究会　『道徳・特別活動の本質』　2012年　文溪堂

あ と が き

　本書のキーワードは、「心の教育」である。そして、それを体現する心の教育の窓口として、学校の教育課程においては教科外教育として位置づけられている「特別活動」をその中心に据えることとした。それでは、なぜ今この時期に特別活動なのかという疑念も抱かれよう。それに対しては、以下のように答えていきたい。

　子ども自身が必然性をもって学ぼうとする時、そこには、それを受け止め、励まし、勇気づける自らの心棒となって支える自己信頼感が前提になくてはならない。このような自己を肯定する感情、自己を信頼して踏み出そうとする意欲はどこから生まれてくるのだろうか。学校を取り巻く様々な教育問題が山積する現今の学校教育にあって、それにもかかわらず聞こえてくるのは、相変わらず受動的知識獲得型の学歴至上主義としての 3R's の発想、つまり、読み（reading）・書き（riting）・計算（rithmetic）を基盤にした主知主義的な教育観が幅を利かしているのである。確かに、日常生活を営む上で基礎的・基本的な知識や技能は確かに必要である。また、それを学んだ結果としていくらユニバーサル化したとは言え、著名な上級学校への進学も、さらには一流官庁や企業への就職も思考主知主義的な発想なくしては叶わない現実があることも確かである。しかし、そのような結果論的な社会評価が即ち、個人としての生き方の充実観と結びつくのであろうか。社会的存在として生きる人間にとって、自らの在り方や生き方を支える主体的な思考力・判断力・表現力、それ以前の問題として自らの生を充実させるために向上したい、学びたいと願う切実なる飢餓感を充足させるのは、最終的に知徳体のバランス、さらに言葉をつなぐなら、「心即理」の生き方を貫ける自己の人格的完成への志向力であろう。そのような学びを学校教育で体現できる教育活動は限られる。特別活動というのは、まさにそれ自体の達成を目的とする教育活動なのである。そのような子どもの学びを心棒となって支えるトータルな人間力を育成する特別活動を学校教育の根幹に据えたいと願うのは、子どもの健やかな人格的成長を願う教育関係者であれば、一様に思う共有理念である。そのよう特別活動を第一義に考え、広い概

念としての「心の教育」を具現化し・積極的に推進しようとする発想は、わが国の教育界が様々な諸課題に晒されて進退窮まっている今日の状況下では至極当然な考え方であろうと思う次第である。

　若い時分、胸を張れるほどではないが、僅かばかりの義務教育学校での教職経験がある。奉職して間もなく校務分掌として割り当てられたのが、特別活動主任であった。青二才の私はこんな自分にも責任ある立場を任せてもらえたと驚喜したことを昨日のように覚えている。嬉しくて、嬉しくて、渾身の力を振り絞って職務遂行に努めた毎日であった。そして、暫くして気がついた。特別活動などというどうでもよい手間暇かかって面倒な教育活動は、右も左も分からない若造を煽ててやらせておけばいいという校内の問わず語りな雰囲気である。結局、特別活動への思いは止みがたく、暫く後に教育センターへ出向するまでそれこそ体を張って実践し続けたほろ苦い教育活動経験がある。大学へ奉職した後もさらに転籍した事情もあって、現在は2校目の勤務となった。少し落ち着いてもよい年齢となったが、あの若い頃に打ち込んだ特別活動への思いは未だに燃え尽きてはいないのである。本書執筆の原動力はそこにあったことを、今回改めて自分でも思い知らされたような気がしている。

　全国学力調査が開始されてから常に上位を維持してきた秋田県や福井県、そこでの要因分析でいつも話題になるのは、学びの前提となる基本的生活習慣の育みや複数世代同居世帯が多い中での社会的価値観の世代間伝播の効用である。人は、人とかかわってこそ人となるのである。そんな当たり前の視点からわが国義務教育の今後を視座すると、とても心許ないというのが本音である。本書が、各学校における教育活動のバックボーンとなるべき人格形成に対して少しでも啓蒙になれば、それは無上の喜びである。「心即理」を体現できる人材育成なくして、これからのわが国の発展はない。そんな思いでの本書執筆であった。

　最後に、いつもながら本書執筆の機会と心温まる励ましを与えてくださった北樹出版編集部長の古屋幾子氏、執筆時のバックアップを引き受けてくれた妻百合子に感謝し、また、執筆最中の今も病の床にある義母田沼せんの回復を祈りつつ、本書を捧げて結びとしたい。

平成25年弥生　　著者

【 資 料 編 】

教育関係法規

① 教育基本法（平成18年12月22日法律第120号　抜粋）

　我々日本国民は、たゆまぬ努力によって築いてきた民主的で文化的な国家を更に発展させるとともに、世界の平和と人類の福祉の向上に貢献することを願うものである。

　我々は、この理想を実現するため、個人の尊厳を重んじ、真理と正義を希求し、公共の精神を尊び、豊かな人間性と創造性を備えた人間の育成を期するとともに、伝統を継承し、新しい文化の創造を目指す教育を推進する。

　ここに、我々は、日本国憲法の精神にのっとり、我が国の未来を切り拓く教育の基本を確立し、その振興を図るため、この法律を制定する。

第一章　教育の目的及び理念

（教育の目的）

第一条　教育は、人格の完成を目指し、平和で民主的な国家及び社会の形成者として必要な資質を備えた心身ともに健康な国民の育成を期して行われなければならない。

（教育の目標）

第二条　教育は、その目的を実現するため、学問の自由を尊重しつつ、次に掲げる目標を達成するよう行われるものとする。

一　幅広い知識と教養を身に付け、真理を求める態度を養い、豊かな情操と道徳心を培うとともに、健やかな身体を養うこと。

二　個人の価値を尊重して、その能力を伸ばし、創造性を培い、自主及び自律の精神を養うとともに、職業及び生活との関連を重視し、勤労を重んずる態度を養うこと。

三　正義と責任、男女の平等、自他の敬愛と協力を重んずるとともに、公共の精神に基づき、主体的に社会の形成に参画し、その発展に寄与する態度を養うこと。

四　生命を尊び、自然を大切にし、環境の保全に寄与する態度を養うこと。

五　伝統と文化を尊重し、それらをはぐくんできた我が国と郷土を愛するととも

に、他国を尊重し、国際社会の平和と発展に寄与する態度を養うこと。

（生涯学習の理念）

第三条　国民一人一人が、自己の人格を磨き、豊かな人生を送ることができるよう、その生涯にわたって、あらゆる機会に、あらゆる場所において学習することができ、その成果を適切に生かすことのできる社会の実現が図られなければならない。

（教育の機会均等）

第四条　すべて国民は、ひとしく、その能力に応じた教育を受ける機会を与えられなければならず、人種、信条、性別、社会的身分、経済的地位又は門地によって、教育上差別されない。

2　国及び地方公共団体は、障害のある者が、その障害の状態に応じ、十分な教育を受けられるよう、教育上必要な支援を講じなければならない。

3　国及び地方公共団体は、能力があるにもかかわらず、経済的理由によって修学が困難な者に対して、奨学の措置を講じなければならない。

② **学校教育法**（平成22年3月31日法律第26号　抜粋）

第二章　義務教育

第二十一条　義務教育として行われる普通教育は、教育基本法（平成十八年法律第百十号）第五条第二項に規定する目的を実現するため、次に掲げる目標を達成するよう行われるものとする。

　一　学校内外における社会的活動を促進し、自主、自律及び協同の精神、規範意識、公正な判断力並びに公共の精神に基づき主体的に社会の形成に参画し、その発展に寄与する態度を養うこと。

　二　学校内外における自然体験活動を促進し、生命及び自然を尊重する精神並びに環境の保全に寄与する態度を養うこと。

　三　我が国と郷土の現状と歴史について、正しい理解に導き、伝統と文化を尊重し、それらをはぐくんできた我が国と郷土を愛する態度を養うとともに、進んで外国の文化の理解を通じて、他国を尊重し、国際社会の平和と発展に寄与する態度を養うこと。

　四　家族と家庭の役割、生活に必要な衣、食、住、情報、産業その他の事項について基礎的な理解と技能を養うこと。

五　読書に親しませ、生活に必要な国語を正しく理解し、使用する基礎的な能力を養うこと。
六　生活に必要な数量的な関係を正しく理解し、処理する基礎的な能力を養うこと。
七　生活にかかわる自然現象について、観察及び実験を通じて、科学的に理解し、処理する基礎的な能力を養うこと。
八　健康、安全で幸福な生活のために必要な習慣を養うとともに、運動を通じて体力を養い、心身の調和的発達を図ること。
九　生活を明るく豊かにする音楽、美術、文芸その他の芸術について基礎的な理解と技能を養うこと。
十　職業についての基礎的な知識と技能、勤労を重んずる態度及び個性に応じて将来の進路を選択する能力を養うこと。

第三章　幼稚園

第二十二条　幼稚園は、義務教育及びその後の教育の基礎を培うものとして、幼児を保育し、幼児の健やかな成長のために適当な環境を与えて、その心身の発達を助長することを目的とする。

第二十三条　幼稚園における教育は、前条に規定する目的を実現するため、次に掲げる目標を達成するよう行われるものとする。
一　健康、安全で幸福な生活のために必要な基本的な習慣を養い、身体諸機能の調和的発達を図ること。
二　集団生活を通じて、喜んでこれに参加する態度を養うとともに家族や身近な人への信頼感を深め、自主、自律及び協同の精神並びに規範意識の芽生えを養うこと。
三　身近な社会生活、生命及び自然に対する興味を養い、それらに対する正しい理解と態度及び思考力の芽生えを養うこと。
四　日常の会話や、絵本、童話等に親しむことを通じて、言葉の使い方を正しく導くとともに、相手の話を理解しようとする態度を養うこと。
五　音楽、身体による表現、造形等に親しむことを通じて、豊かな感性と表現力の芽生えを養うこと。

第二十四条　幼稚園においては、第二十二条に規定する目的を実現するための教育を行うほか、幼児期の教育に関する各般の問題につき、保護者及び地域住民その

他の関係者からの相談に応じ、必要な情報の提供及び助言を行うなど、家庭及び地域における幼児期の教育の支援に努めるものとする。

　第四章　小学校

第二十九条　小学校は、心身の発達に応じて、義務教育として行われる普通教育のうち基礎的なものを施すことを目的とする。

第三十条　小学校における教育は、前条に規定する目的を実現するために必要な程度において第二十一条各号に掲げる目標を達成するよう行われるものとする。

2　前項の場合においては、生涯にわたり学習する基盤が培われるよう、基礎的な知識及び技能を習得させるとともに、これらを活用して課題を解決するために必要な思考力、判断力、表現力その他の能力をはぐくみ、主体的に学習に取り組む態度を養うことに、特に意を用いなければならない。

第三十一条　小学校においては、前条第1項の規定による目標の達成に資するよう、教育指導を行うに当たり、児童の体験的な学習活動、特にボランティア活動など社会奉仕体験活動、自然体験活動その他の体験活動の充実に努めるものとする。この場合において、社会教育関係団体その他の関係団体及び関係機関との連携に十分配慮しなければならない。

第三十二条　小学校の修業年限は、六年とする。

　第五章　中学校

第四十五条　中学校は、小学校における教育の基礎の上に、心身の発達に応じて、義務教育として行われる普通教育を施すことを目的とする。

第四十六条　中学校における教育は、前条に規定する目的を実現するため、第二十一条各号に掲げる目標を達成するよう行われるものとする。

第四十七条　中学校の修業年限は、三年とする。

　第六章　高等学校

第五十条　高等学校は、中学校における教育の基礎の上に、心身の発達及び進路に応じて、高度な普通教育及び専門教育を施すことを目的とする。

第五十一条　高等学校における教育は、前条に規定する目的を実現するため、次に掲げる目標を達成するよう行われるものとする。

　一　義務教育として行われる普通教育の成果を更に発展拡充させて、豊かな人間性、創造性及び健やかな身体を養い、国家及び社会の形成者として必要な資質を養うこと。

二　社会において果たさなければならない使命の自覚に基づき、個性に応じて将来の進路を決定させ、一般的な教養を高め、専門的な知識、技術及び技能を習得させること。
三　個性の確立に努めるとともに、社会について、広く深い理解と健全な批判力を養い、社会の発展に寄与する態度を養うこと。

第五十三条　高等学校には、全日制の課程のほか、定時制の課程を置くことができる。
2　高等学校には、定時制の課程のみを置くことができる。
第五十四条　高等学校には、全日制の課程又は定時制の課程のほか、通信制の課程を置くことができる。
2　高等学校には、通信制の課程のみを置くことができる。
第五十六条　高等学校の修業年限は、全日制の課程については、三年とし、定時制の課程及び通信制の課程については、三年以上とする。

　第七章　中等教育学校
第六十三条　中等教育学校は、小学校における教育の基礎の上に、心身の発達及び進路に応じて、義務教育として行われる普通教育並びに高度な普通教育及び専門教育を一貫して施すことを目的とする。
第六十四条　中等教育学校における教育は、前条に規定する目的を実現するため、次に掲げる目標を達成するよう行われるものとする。
一　豊かな人間性、創造性及び健やかな身体を養い、国家及び社会の形成者として必要な資質を養うこと。
二　社会において果たさなければならない使命の自覚に基づき、個性に応じて将来の進路を決定させ、一般的な教養を高め、専門的な知識、技術及び技能を習得させること。
三　個性の確立に努めるとともに、社会について、広く深い理解と健全な批判力を養い、社会の発展に寄与する態度を養うこと。
第六十五条　中等教育学校の修業年限は、六年とする。
第六十六条　中等教育学校の課程は、これを前期三年の前期課程及び後期三年の後期課程に区分する。

　第八章　特別支援学校
第七十二条　特別支援学校は、視覚障害者、聴覚障害者、知的障害者、肢体不自由

者又は病弱者（身体虚弱者を含む。以下同じ。）に対して、幼稚園、小学校、中学校又は高等学校に準ずる教育を施すとともに、障害による学習上又は生活上の困難を克服し自立を図るために必要な知識技能を授けることを目的とする。

第七十三条　特別支援学校においては、文部科学大臣の定めるところにより、前条に規定する者に対する教育のうち当該学校が行うものを明らかにするものとする。

第八十一条　幼稚園、小学校、中学校、高等学校及び中等教育学校においては、次項各号のいずれかに該当する幼児、児童及び生徒その他教育上特別の支援を必要とする幼児児童及び生徒に対し、文部科学大臣の定めるところにより、障害による学習上又は生活上の困難を克服するための教育を行うものとする。

2　小学校、中学校、高等学校及び中等教育学校には、次の各号のいずれかに該当する児童及び生徒のために、特別支援学級を置くことができる。
　一　知的障害者
　二　肢体不自由者
　三　身体虚弱者
　四　弱視者
　五　難聴者
　六　その他障害のある者で、特別支援学級において教育を行うことが適当なもの

学校種別学習指導要領

①　小学校学習指導要領　第1章　総則

第1　教育課程編成の一般方針

1　各学校においては、教育基本法及び学校教育法その他の法令並びにこの章以下に示すところに従い、児童の人間として調和のとれた育成を目指し、地域や学校の実態及び児童の心身の発達の段階や特性を十分考慮して、適切な教育課程を編成するものとし、これらに掲げる目標を達成するよう教育を行うものとする。

　　学校の教育活動を進めるに当たっては、各学校において、児童に生きる力をはぐくむことを目指し、創意工夫を生かした特色ある教育活動を展開する中で、基礎的・基本的な知識及び技能を確実に習得させ、これらを活用して課題を解決す

るために必要な思考力、判断力、表現力その他の能力をはぐくむとともに、主体的に学習に取り組む態度を養い、個性を生かす教育の充実に努めなければならない。その際、児童の発達の段階を考慮して、児童の言語活動を充実するとともに、家庭との連携を図りながら、児童の学習習慣が確立するよう配慮しなければならない。

2 学校における道徳教育は、道徳の時間を要として学校の教育活動全体を通じて行うものであり、道徳の時間はもとより、各教科、外国語活動、総合的な学習の時間及び特別活動のそれぞれの特質に応じて、児童の発達の段階を考慮して、適切な指導を行わなければならない。

　道徳教育は、教育基本法及び学校教育法に定められた教育の根本精神に基づき、人間尊重の精神と生命に対する畏（い）敬の念を家庭、学校、その他社会における具体的な生活の中に生かし、豊かな心をもち、伝統と文化を尊重し、それらをはぐくんできた我が国と郷土を愛し、個性豊かな文化の創造を図るとともに、公共の精神を尊び、民主的な社会及び国家の発展に努め、他国を尊重し、国際社会の平和と発展や環境の保全に貢献し未来を拓（ひら）く主体性のある日本人を育成するため、その基盤としての道徳性を養うことを目標とする。

　道徳教育を進めるに当たっては、教師と児童及び児童相互の人間関係を深めるとともに、児童が自己の生き方についての考えを深め、家庭や地域社会との連携を図りながら、集団宿泊活動やボランティア活動、自然体験活動などの豊かな体験を通して児童の内面に根ざした道徳性の育成が図られるよう配慮しなければならない。その際、特に児童が基本的な生活習慣、社会生活上のきまりを身に付け、善悪を判断し、人間としてしてはならないことをしないようにすることなどに配慮しなければならない。

3 学校における体育・健康に関する指導は、児童の発達の段階を考慮して、学校の教育活動　全体を通じて適切に行うものとする。特に、学校における食育の推進並びに体力の向上に関する指導、安全に関する指導及び心身の健康の保持増進に関する指導については、体育科の時間はもとより、家庭科、特別活動などにおいてもそれぞれの特質に応じて適切に行うよう努めることとする。また、それらの指導を通して、家庭や地域社会との連携を図りながら、日常生活において適切な体育・健康に関する活動の実践を促し、生涯を通じて健康・安全で活力ある生活を送るための基礎が培われるよう配慮しなければならない。

第2　内容等の取扱いに関する共通的事項
1　第2章以下に示す各教科、道徳、外国語活動及び特別活動の内容に関する事項は、特に示す場合を除き、いずれの学校においても取り扱わなければならない。
2　学校において特に必要がある場合には、第2章以下に示していない内容を加えて指導することができる。また、第2章以下に示す内容の取扱いのうち内容の範囲や程度等を示す事項は、すべての児童に対して指導するものとする内容の範囲や程度等を示したものであり、学校において特に必要がある場合には、この事項にかかわらず指導することができる。ただし、これらの場合には、第2章以下に示す各教科、道徳、外国語活動及び特別活動並びに各学年の目標や内容の趣旨を逸脱したり、児童の負担過重となったりすることのないようにしなければならない。
3　第2章以下に示す各教科、道徳、外国語活動及び特別活動及び各学年の内容に掲げる事項の順序は、特に示す場合を除き、指導の順序を示すものではないので、学校においては、その取扱いについて適切な工夫を加えるものとする。
4　学年の目標及び内容を2学年まとめて示した教科及び外国語活動の内容は、2学年間かけて指導する事項を示したものである。各学校においては、これらの事項を地域や学校及び児童の実態に応じ、2学年間を見通して計画的に指導することとし、特に示す場合を除き、いずれかの学年に分けて、又はいずれの学年においても指導するものとする。
5　学校において2以上の学年の児童で編制する学級について特に必要がある場合には、各教科、道徳、外国語活動及び特別活動の目標の達成に支障のない範囲内で、各教科、道徳、外国語活動及び特別活動の目標及び内容について学年別の順序によらないことができる。

第3　授業時数等の取扱い
1　各教科、道徳、外国語活動、総合的な学習の時間及び特別活動（以下「各教科等」という。ただし、1及び3において、特別活動については学級活動（学校給食に係るものを除く。）に限る。）の授業は、年間35週（第1学年については34週）以上にわたって行うよう計画し、週当たりの授業時数が児童の負担過重にならないようにするものとする。ただし、各教科等や学習活動の特質に応じ効果的な場合には、夏季、冬季、学期末等の休業日の期間に授業日を設定する場合を含め、これらの授業を特定の期間に行うことができる。なお、給食、休憩など

の時間については、学校において工夫を加え、適切に定めるものとする。
2 特別活動の授業のうち、児童会活動、クラブ活動及び学校行事については、それらの内容に応じ、年間、学期ごと、月ごとなどに適切な授業時数を充てるものとする。
3 各教科等のそれぞれの授業の1単位時間は、各学校において、各教科等の年間授業時数を確保しつつ、児童の発達の段階及び各教科等や学習活動の特質を考慮して適切に定めるものとする。
4 各学校においては、地域や学校及び児童の実態、各教科等や学習活動の特質等に応じて、創意工夫を生かし時間割を弾力的に編成することができる。
5 総合的な学習の時間における学習活動により、特別活動の学校行事に掲げる各行事の実施と同様の成果が期待できる場合においては、総合的な学習の時間における学習活動をもって相当する特別活動の学校行事に掲げる各行事の実施に替えることができる。

第4 指導計画の作成等に当たって配慮すべき事項
1 各学校においては、次の事項に配慮しながら、学校の創意工夫を生かし、全体として、調和のとれた具体的な指導計画を作成するものとする。
 (1) 各教科等及び各学年相互間の関連を図り、系統的、発展的な指導ができるようにすること。
 (2) 学年の目標及び内容を2学年まとめて示した教科及び外国語活動については、当該学年間を見通して、地域や学校及び児童の実態に応じ、児童の発達の段階を考慮しつつ、効果的、段階的に指導するようにすること。
 (3) 各教科の各学年の指導内容については、そのまとめ方や重点の置き方に適切な工夫を加え、効果的な指導ができるようにすること。
 (4) 児童の実態等を考慮し、指導の効果を高めるため、合科的・関連的な指導を進めること。
2 以上のほか、次の事項に配慮するものとする。
 (1) 各教科等の指導に当たっては、児童の思考力、判断力、表現力等をはぐくむ観点から、基礎的・基本的な知識及び技能の活用を図る学習活動を重視するとともに、言語に対する関心や理解を深め、言語に関する能力の育成を図る上で必要な言語環境を整え、児童の言語活動を充実すること。
 (2) 各教科等の指導に当たっては、体験的な学習や基礎的・基本的な知識及び技

能を活用した問題解決的な学習を重視するとともに、児童の興味・関心を生かし、自主的、自発的な学習が促されるよう工夫すること。
(3) 日ごろから学級経営の充実を図り、教師と児童の信頼関係及び児童相互の好ましい人間関係を育てるとともに児童理解を深め、生徒指導の充実を図ること。
(4) 各教科等の指導に当たっては、児童が学習の見通しを立てたり学習したことを振り返ったりする活動を計画的に取り入れるよう工夫すること。
(5) 各教科等の指導に当たっては、児童が学習課題や活動を選択したり、自らの将来について考えたりする機会を設けるなど工夫すること。
(6) 各教科等の指導に当たっては、児童が学習内容を確実に身に付けることができるよう、学校や児童の実態に応じ、個別指導やグループ別指導、繰り返し指導、学習内容の習熟の程度に応じた指導、児童の興味・関心等に応じた課題学習、補充的な学習や発展的な学習などの学習活動を取り入れた指導、教師間の協力的な指導など指導方法や指導体制を工夫改善し、個に応じた指導の充実を図ること。
(7) 障害のある児童などについては、特別支援学校等の助言又は援助を活用しつつ、例えば指導についての計画又は家庭や医療、福祉等の業務を行う関係機関と連携した支援のための計画を個別に作成することなどにより、個々の児童の障害の状態等に応じた指導内容や指導方法の工夫を計画的、組織的に行うこと。特に、特別支援学級又は通級による指導については、教師間の連携に努め、効果的な指導を行うこと。
(8) 海外から帰国した児童などについては、学校生活への適応を図るとともに、外国における生活経験を生かすなどの適切な指導を行うこと。
(9) 各教科等の指導に当たっては、児童がコンピュータや情報通信ネットワークなどの情報手段に慣れ親しみ、コンピュータで文字を入力するなどの基本的な操作や情報モラルを身に付け、適切に活用できるようにするための学習活動を充実するとともに、これらの情報手段に加え視聴覚教材や教育機器などの教材・教具の適切な活用を図ること。
(10) 学校図書館を計画的に利用しその機能の活用を図り、児童の主体的、意欲的な学習活動や読書活動を充実すること。
(11) 児童のよい点や進歩の状況などを積極的に評価するとともに、指導の過程や

成果を評価し、指導の改善を行い学習意欲の向上に生かすようにすること。
（12）学校がその目的を達成するため、地域や学校の実態等に応じ、家庭や地域の人々の協力を得るなど家庭や地域社会との連携を深めること。また、小学校間、幼稚園や保育所、中学校及び特別支援学校などとの間の連携や交流を図るとともに、障害のある幼児児童生徒との交流及び共同学習や高齢者などとの交流の機会を設けること。

② 中学校学習指導要領　第1章　総則
第1　教育課程編成の一般方針
1　各学校においては、教育基本法及び学校教育法その他の法令並びにこの章以下に示すところに従い、生徒の人間として調和のとれた育成を目指し、地域や学校の実態及び生徒の心身の発達の段階や特性等を十分考慮して、適切な教育課程を編成するものとし、これらに掲げる目標を達成するよう教育を行うものとする。

学校の教育活動を進めるに当たっては、各学校において、生徒に生きる力をはぐくむことを目指し、創意工夫を生かした特色ある教育活動を展開する中で、基礎的・基本的な知識及び技能を確実に習得させ、これらを活用して課題を解決するために必要な思考力、判断力、表現力その他の能力をはぐくむとともに、主体的に学習に取り組む態度を養い、個性を生かす教育の充実に努めなければならない。その際、生徒の発達の段階を考慮して、生徒の言語活動を充実するとともに、家庭との連携を図りながら、生徒の学習習慣が確立するよう配慮しなければならない。

2　学校における道徳教育は、道徳の時間を要として学校の教育活動全体を通じて行うものであり、道徳の時間はもとより、各教科、総合的な学習の時間及び特別活動のそれぞれの特質に応じて、生徒の発達の段階を考慮して、適切な指導を行わなければならない。

道徳教育は、教育基本法及び学校教育法に定められた教育の根本精神に基づき、人間尊重の精神と生命に対する畏（い）敬の念を家庭、学校、その他社会における具体的な生活の中に生かし、豊かな心をもち、伝統と文化を尊重し、それらをはぐくんできた我が国と郷土を愛し、個性豊かな文化の創造を図るとともに、公共の精神を尊び、民主的な社会及び国家の発展に努め、他国を尊重し、国際社会

の平和と発展や環境の保全に貢献し未来を拓(ひら)く主体性のある日本人を育成するため、その基盤としての道徳性を養うことを目標とする。

　道徳教育を進めるに当たっては、教師と生徒及び生徒相互の人間関係を深めるとともに、生徒が道徳的価値に基づいた人間としての生き方についての自覚を深め、家庭や地域社会との連携を図りながら、職場体験活動やボランティア活動、自然体験活動などの豊かな体験を通して生徒の内面に根ざした道徳性の育成が図られるよう配慮しなければならない。その際、特に生徒が自他の生命を尊重し、規律ある生活ができ、自分の将来を考え、法やきまりの意義の理解を深め、主体的に社会の形成に参画し、国際社会に生きる日本人としての自覚を身に付けるようにすることなどに配慮しなければならない。

3　学校における体育・健康に関する指導は、生徒の発達の段階を考慮して、学校の教育活動全体を通じて適切に行うものとする。特に、学校における食育の推進並びに体力の向上に関する指導、安全に関する指導及び心身の健康の保持増進に関する指導については、保健体育科の時間はもとより、技術・家庭科、特別活動などにおいてもそれぞれの特質に応じて適切に行うよう努めることとする。また、それらの指導を通して、家庭や地域社会との連携を図りながら、日常生活において適切な体育・健康に関する活動の実践を促し、生涯を通じて健康・安全で活力ある生活を送るための基礎が培われるよう配慮しなければならない。

第2　内容等の取扱いに関する共通的事項

1　第2章以下に示す各教科、道徳及び特別活動の内容に関する事項は、特に示す場合を除き、いずれの学校においても取り扱わなければならない。

2　学校において特に必要がある場合には、第2章以下に示していない内容を加えて指導することができる。また、第2章以下に示す内容の取扱いのうち内容の範囲や程度等を示す事項は、すべての生徒に対して指導するものとする内容の範囲や程度等を示したものであり、学校において特に必要がある場合には、この事項にかかわらず指導することができる。ただし、これらの場合には、第2章以下に示す各教科、道徳及び特別活動並びに各学年、各分野又は各言語の目標や内容の趣旨を逸脱したり、生徒の負担過重となったりすることのないようにしなければならない。

3　第2章以下に示す各教科、道徳及び特別活動並びに各学年、各分野又は各言語の内容に掲げる事項の順序は、特に示す場合を除き、指導の順序を示すものでは

ないので,学校においては,その取扱いについて適切な工夫を加えるものとする。
4　学校において2以上の学年の生徒で編制する学級について特に必要がある場合には,各教科の目標の達成に支障のない範囲内で,各教科の目標及び内容について学年別の順序によらないことができる。
5　各学校においては,選択教科を開設し,生徒に履修させることができる。その場合にあっては,地域や学校,生徒の実態を考慮し,すべての生徒に指導すべき内容との関連を図りつつ,選択教科の授業時数及び内容を適切に定め選択教科の指導計画を作成するものとする。
6　選択教科の内容については,課題学習,補充的な学習や発展的な学習など,生徒の特性等に応じた多様な学習が行えるよう各学校において適切に定めるものとする。その際,生徒の負担過重となることのないようにしなければならない。
7　各学校においては,第2章に示す各教科を選択教科として設けることができるほか,地域や学校,生徒の実態を考慮して,特に必要がある場合には,その他特に必要な教科を選択教科として設けることができる。その他特に必要な教科の名称,目標,内容などについては,各学校が適切に定めるものとする。

第3　授業時数等の取扱い

1　各教科,道徳,総合的な学習の時間及び特別活動(以下「各教科等」という。ただし,1及び3において,特別活動については学級活動(学校給食に係るものを除く。)に限る。)の授業は,年間35週以上にわたって行うよう計画し,週当たりの授業時数が生徒の負担過重にならないようにするものとする。ただし,各教科等(特別活動を除く。)や学習活動の特質に応じ効果的な場合には,夏季,冬季,学年末等の休業日の期間に授業日を設定する場合を含め,これらの授業を特定の期間に行うことができる。なお,給食,休憩などの時間については,学校において工夫を加え,適切に定めるものとする。
2　特別活動の授業のうち,生徒会活動及び学校行事については,それらの内容に応じ,年間,学期ごと,月ごとなどに適切な授業時数を充てるものとする。
3　各教科等のそれぞれの授業の1単位時間は,各学校において,各教科等の年間授業時数を確保しつつ,生徒の発達の段階及び各教科等や学習活動の特質を考慮して適切に定めるものとする。なお,10分間程度の短い時間を単位として特定の教科の指導を行う場合において,当該教科を担当する教師がその指導内容の決定や指導の成果の把握と活用等を責任をもって行う体制が整備されているとき

は、その時間を当該教科の年間授業時数に含めることができる。
4　各学校においては、地域や学校及び生徒の実態、各教科等や学習活動の特質等に応じて、創意工夫を生かし時間割を弾力的に編成することができる。
5　総合的な学習の時間における学習活動により、特別活動の学校行事に掲げる各行事の実施と同様の成果が期待できる場合においては、総合的な学習の時間における学習活動をもって相当する特別活動の学校行事に掲げる各行事の実施に替えることができる。

第4　指導計画の作成等に当たって配慮すべき事項
1　各学校においては、次の事項に配慮しながら、学校の創意工夫を生かし、全体として、調和のとれた具体的な指導計画を作成するものとする。
　(1)　各教科等及び各学年相互間の関連を図り、系統的、発展的な指導ができるようにすること。
　(2)　各教科の各学年、各分野又は各言語の指導内容については、そのまとめ方や重点の置き方に適切な工夫を加えるなど、効果的な指導ができるようにすること。
2　以上のほか、次の事項に配慮するものとする。
　(1)　各教科等の指導に当たっては、生徒の思考力、判断力、表現力等をはぐくむ観点から、基礎的・基本的な知識及び技能の活用を図る学習活動を重視するとともに、言語に対する関心や理解を深め、言語に関する能力の育成を図る上で必要な言語環境を整え、生徒の言語活動を充実すること。
　(2)　各教科等の指導に当たっては、体験的な学習や基礎的・基本的な知識及び技能を活用した問題解決的な学習を重視するとともに、生徒の興味・関心を生かし、自主的、自発的な学習が促されるよう工夫すること。
　(3)　教師と生徒の信頼関係及び生徒相互の好ましい人間関係を育てるとともに生徒理解を深め、生徒が自主的に判断、行動し積極的に自己を生かしていくことができるよう、生徒指導の充実を図ること。
　(4)　生徒が自らの生き方を考え主体的に進路を選択することができるよう、学校の教育活動全体を通じ、計画的、組織的な進路指導を行うこと。
　(5)　生徒が学校や学級での生活によりよく適応するとともに、現在及び将来の生き方を考え行動する態度や能力を育成することができるよう、学校の教育活動全体を通じ、ガイダンスの機能の充実を図ること。

(6) 各教科等の指導に当たっては、生徒が学習の見通しを立てたり学習したことを振り返ったりする活動を計画的に取り入れるようにすること。
(7) 各教科等の指導に当たっては、生徒が学習内容を確実に身に付けることができるよう、学校や生徒の実態に応じ、個別指導やグループ別指導、繰り返し指導、学習内容の習熟の程度に応じた指導、生徒の興味・関心等に応じた課題学習、補充的な学習や発展的な学習などの学習活動を取り入れた指導、教師間の協力的な指導など指導方法や指導体制を工夫改善し、個に応じた指導の充実を図ること。
(8) 障害のある生徒などについては、特別支援学校等の助言又は援助を活用しつつ、例えば指導についての計画又は家庭や医療、福祉等の業務を行う関係機関と連携した支援のための計画を個別に作成することなどにより、個々の生徒の障害の状態等に応じた指導内容や指導方法の工夫を計画的、組織的に行うこと。特に、特別支援学級又は通級による指導については、教師間の連携に努め、効果的な指導を行うこと。
(9) 海外から帰国した生徒などについては、学校生活への適応を図るとともに、外国における生活経験を生かすなどの適切な指導を行うこと。
(10) 各教科等の指導に当たっては、生徒が情報モラルを身に付け、コンピュータや情報通信ネットワークなどの情報手段を適切かつ主体的、積極的に活用できるようにするための学習活動を充実するとともに、これらの情報手段に加え視聴覚教材や教育機器などの教材・教具の適切な活用を図ること。
(11) 学校図書館を計画的に利用しその機能の活用を図り、生徒の主体的、意欲的な学習活動や読書活動を充実すること。
(12) 生徒のよい点や進歩の状況などを積極的に評価するとともに、指導の過程や成果を評価し、指導の改善を行い学習意欲の向上に生かすようにすること。
(13) 生徒の自主的、自発的な参加により行われる部活動については、スポーツや文化及び科学等に親しませ、学習意欲の向上や責任感、連帯感の涵養等に資するものであり、学校教育の一環として、教育課程との関連が図られるよう留意すること。その際、地域や学校の実態に応じ、地域の人々の協力、社会教育施設や社会教育関係団体等の各種団体との連携などの運営上の工夫を行うようにすること。
(14) 学校がその目的を達成するため、地域や学校の実態等に応じ、家庭や地域の

人々の協力を得るなど家庭や地域社会との連携を深めること。また、中学校間や小学校、高等学校及び特別支援学校などとの間の連携や交流を図るとともに、障害のある幼児児童生徒との交流及び共同学習や高齢者などとの交流の機会を設けること。

③ 高等学校学習指導要領　第1章　総則（抜粋）

第1款　教育課程編成の一般方針

1　各学校においては、教育基本法及び学校教育法その他の法令並びにこの章以下に示すところに従い、生徒の人間として調和のとれた育成を目指し、地域や学校の実態、課程や学科の特色、生徒の心身の発達の段階及び特性等を十分考慮して、適切な教育課程を編成するものとし、これらに掲げる目標を達成するよう教育を行うものとする。

　学校の教育活動を進めるに当たっては、各学校において、生徒に生きる力をはぐくむことを目指し、創意工夫を生かした特色ある教育活動を展開する中で、基礎的・基本的な知識及び技能を確実に習得させ、これらを活用して課題を解決するために必要な思考力、判断力、表現力その他の能力をはぐくむとともに、主体的に学習に取り組む態度を養い、個性を生かす教育の充実に努めなければならない。その際、生徒の発達の段階を考慮して、生徒の言語活動を充実するとともに、家庭との連携を図りながら、生徒の学習習慣が確立するよう配慮しなければならない。

2　学校における道徳教育は、生徒が自己探求と自己実現に努め国家・社会の一員としての自覚に基づき行為しうる発達の段階にあることを考慮し人間としての在り方生き方に関する教育を学校の教育活動全体を通じて行うことにより、その充実を図るものとし、各教科に属する科目、総合的な学習の時間及び特別活動のそれぞれの特質に応じて、適切な指導を行わなければならない。

　道徳教育は、教育基本法及び学校教育法に定められた教育の根本精神に基づき、人間尊重の精神と生命に対する畏敬の念を家庭、学校、その他社会における具体的な生活の中に生かし、豊かな心をもち、伝統と文化を尊重し、それらをはぐくんできた我が国と郷土を愛し、個性豊かな文化の創造を図るとともに、公共の精神を尊び、民主的な社会及び国家の発展に努め、他国を尊重し、国際社会の

平和と発展や環境の保全に貢献し未来を拓く主体性のある日本人を育成するため、その基盤としての道徳性を養うことを目標とする。
　道徳教育を進めるに当たっては、特に、道徳的実践力を高めるとともに、自他の生命を尊重する精神、自律の精神及び社会連帯の精神並びに義務を果たし責任を重んずる態度及び人権を尊重し差別のないよりよい社会を実現しようとする態度を養うための指導が適切に行われるよう配慮しなければならない。
3　学校における体育・健康に関する指導は、生徒の発達の段階を考慮して、学校の教育活動全体を通じて適切に行うものとする。特に、学校における食育の推進並びに体力の向上に関する指導、安全に関する指導及び心身の健康の保持増進に関する指導については、保健体育科はもとより、家庭科、特別活動などにおいてもそれぞれの特質に応じて適切に行うよう努めることとする。また、それらの指導を通して、家庭や地域社会との連携を図りながら、日常生活において適切な体育・健康に関する活動の実践を促し、生涯を通じて健康・安全で活力ある生活を送るための基礎が培われるよう配慮しなければならない。
4　学校においては、地域や学校の実態等に応じて、就業やボランティアにかかわる体験的な学習の指導を適切に行うようにし、勤労の尊さや創造することの喜びを体得させ、望ましい勤労観、職業観の育成や社会奉仕の精神の涵養に資するものとする。

④　**小学校学習指導要領　第6章　特別活動**
第1　目標
　望ましい集団活動を通して、心身の調和のとれた発達と個性の伸長を図り、集団の一員としてよりよい生活や人間関係を築こうとする自主的、実践的な態度を育てるとともに、自己の生き方についての考えを深め、自己を生かす能力を養う。
第2　各活動・学校行事の目標及び内容
〔学級活動〕
1　目標
　学級活動を通して、望ましい人間関係を形成し、集団の一員として学級や学校におけるよりよい生活づくりに参画し、諸問題を解決しようとする自主的、実践的な態度や健全な生活態度を育てる。

2 内容
〔第1学年及び第2学年〕
　学級を単位として、仲良く助け合い学級生活を楽しくするとともに、日常の生活や学習に進んで取り組もうとする態度の育成に資する活動を行うこと。
〔第3学年及び第4学年〕
　学級を単位として、協力し合って楽しい学級生活をつくるとともに、日常の生活や学習に意欲的に取り組もうとする態度の育成に資する活動を行うこと。
〔第5学年及び第6学年〕
　学級を単位として、信頼し支え合って楽しく豊かな学級や学校の生活をつくるとともに、日常の生活や学習に自主的に取り組もうとする態度の向上に資する活動を行うこと。
〔共通事項〕
　(1)　学級や学校の生活づくり
　　　ア　学級や学校における生活上の諸問題の解決
　　　イ　学級内の組織づくりや仕事の分担処理
　　　ウ　学校における多様な集団の生活の向上
　(2)　日常の生活や学習への適応及び健康安全
　　　ア　希望や目標をもって生きる態度の形成
　　　イ　基本的な生活習慣の形成
　　　ウ　望ましい人間関係の形成
　　　エ　清掃などの当番活動等の役割と働くことの意義の理解
　　　オ　学校図書館の利用
　　　カ　心身ともに健康で安全な生活態度の形成
　　　キ　食育の観点を踏まえた学校給食と望ましい食習慣の形成
〔児童会活動〕
1　目標
　児童会活動を通して、望ましい人間関係を形成し、集団の一員としてよりよい学校生活づくりに参画し、協力して諸問題を解決しようとする自主的、実践的な態度を育てる。
2　内容
　学校の全児童をもって組織する児童会において、学校生活の充実と向上を図る活

動を行うこと。
　(1)　児童会の計画や運営
　(2)　異年齢集団による交流
　(3)　学校行事への協力
〔クラブ活動〕
1　目標
　クラブ活動を通して、望ましい人間関係を形成し、個性の伸長を図り、集団の一員として協力してよりよいクラブづくりに参画しようとする自主的、実践的な態度を育てる。
2　内容
　学年や学級の所属を離れ、主として第4学年以上の同好の児童をもって組織するクラブにおいて、異年齢集団の交流を深め、共通の興味・関心を追求する活動を行うこと。
　(1)　クラブの計画や運営
　(2)　クラブを楽しむ活動
　(3)　クラブの成果の発表
〔学校行事〕
1　目標
　学校行事を通して、望ましい人間関係を形成し、集団への所属感や連帯感を深め、公共の精神を養い、協力してよりよい学校生活を築こうとする自主的、実践的な態度を育てる。
2　内容
　全校又は学年を単位として、学校生活に秩序と変化を与え、学校生活の充実と発展に資する体験的な活動を行うこと。
　(1)　儀式的行事
　学校生活に有意義な変化や折り目を付け、厳粛で清新な気分を味わい、新しい生活の展開への動機付けとなるような活動を行うこと。
　(2)　文化的行事
　平素の学習活動の成果を発表し、その向上の意欲を一層高めたり、文化や芸術に親しんだりするような活動を行うこと。
　(3)　健康安全・体育的行事

心身の健全な発達や健康の保持増進などについての関心を高め、安全な行動や規律ある集団行動の体得、運動に親しむ態度の育成、責任感や連帯感の涵（かん）養、体力の向上などに資するような活動を行うこと。
(4) 遠足・集団宿泊的行事
　自然の中での集団宿泊活動などの平素と異なる生活環境にあって、見聞を広め、自然や文化などに親しむとともに、人間関係などの集団生活の在り方や公衆道徳などについての望ましい体験を積むことができるような活動を行うこと。
(5) 勤労生産・奉仕的行事
　勤労の尊さや生産の喜びを体得するとともに、ボランティア活動などの社会奉仕の精神を養う体験が得られるような活動を行うこと。
第3　指導計画の作成と内容の取扱い
　指導計画の作成に当たっては、次の事項に配慮するものとする。
(1)　特別活動の全体計画や各活動・学校行事の年間指導計画の作成に当たっては、学校の創意工夫を生かすとともに、学級や学校の実態や児童の発達の段階などを考慮し、児童による自主的、実践的な活動が助長されるようにすること。また、各教科、道徳、外国語活動及び総合的な学習の時間などの指導との関連を図るとともに、家庭や地域の人々との連携、社会教育施設等の活用などを工夫すること。
(2)　〔学級活動〕などにおいて、児童が自ら現在及び将来の生き方を考えることができるよう工夫すること。
(3)　〔クラブ活動〕については、学校や地域の実態等を考慮しつつ児童の興味・関心を踏まえて計画し実施できるようにすること。
(4)　第1章総則の第1の2及び第3章道徳の第1に示す道徳教育の目標に基づき、道徳の時間などとの関連を考慮しながら、第3章道徳の第2に示す内容について、特別活動の特質に応じて適切な指導をすること。
2　第2の内容の取扱いについては、次の事項に配慮するものとする。
(1)　〔学級活動〕、〔児童会活動〕及び〔クラブ活動〕の指導については、指導内容の特質に応じて、教師の適切な指導の下に、児童の自発的、自治的な活動が効果的に展開されるようにするとともに、内容相互の関連を図るよう工夫すること。また、よりよい生活を築くために集団としての意見をまとめるなどの話合い活動や自分たちできまりをつくって守る活動、人間関係を形成する力を養

う活動などを充実するよう工夫すること。
(2)　〔学級活動〕については、学級、学校及び児童の実態、学級集団の育成上の課題や発達の課題及び第3章道徳の第3の1の(3)に示す道徳教育の重点などを踏まえ、各学年段階において取り上げる指導内容の重点化を図るとともに、必要に応じて、内容間の関連や統合を図ったり、他の内容を加えたりすることができること。また、学級経営の充実を図り、個々の児童についての理解を深め、児童との信頼関係を基礎に指導を行うとともに、生徒指導との関連を図るようにすること。
(3)　〔児童会活動〕の運営は、主として高学年の児童が行うこと。
(4)　〔学校行事〕については、学校や地域及び児童の実態に応じて、各種類ごとに、行事及びその内容を重点化するとともに、行事間の関連や統合を図るなど精選して実施すること。また、実施に当たっては、異年齢集団による交流、幼児、高齢者、障害のある人々などとの触れ合い、自然体験や社会体験などの体験活動を充実するとともに、体験活動を通して気付いたことなどを振り返り、まとめたり、発表し合ったりするなどの活動を充実するよう工夫すること。
3　入学式や卒業式などにおいては、その意義を踏まえ、国旗を掲揚するとともに、国歌を斉唱するよう指導するものとする。

⑤　中学校学習指導要領　第5章　特別活動
第1　目標
　望ましい集団活動を通して、心身の調和のとれた発達と個性の伸長を図り、集団や社会の一員としてよりよい生活や人間関係を築こうとする自主的、実践的な態度を育てるとともに、人間としての生き方についての自覚を深め、自己を生かす能力を養う。
第2　各活動・学校行事の目標及び内容
〔学級活動〕
1　目標
　学級活動を通して、望ましい人間関係を形成し、集団の一員として学級や学校におけるよりよい生活づくりに参画し、諸問題を解決しようとする自主的、実践的な態度や健全な生活態度を育てる。

2 内容

　学級を単位として、学級や学校の生活の充実と向上、生徒が当面する諸課題への対応に資する活動を行うこと。
 (1) 学級や学校の生活づくり
　　ア　学級や学校における生活上の諸問題の解決
　　イ　学級内の組織づくりや仕事の分担処理
　　ウ　学校における多様な集団の生活の向上
 (2) 適応と成長及び健康安全
　　ア　思春期の不安や悩みとその解決
　　イ　自己及び他者の個性の理解と尊重
　　ウ　社会の一員としての自覚と責任
　　エ　男女相互の理解と協力
　　オ　望ましい人間関係の確立
　　カ　ボランティア活動の意義の理解と参加
　　キ　心身ともに健康で安全な生活態度や習慣の形成
　　ク　性的な発達への適応
　　ケ　食育の観点を踏まえた学校給食と望ましい食習慣の形成
 (3) 学業と進路
　　ア　学ぶことと働くことの意義の理解
　　イ　自主的な学習態度の形成と学校図書館の利用
　　ウ　進路適性の吟味と進路情報の活用
　　エ　望ましい勤労観・職業観の形成
　　オ　主体的な進路の選択と将来設計

〔生徒会活動〕

1 目標

　生徒会活動を通して、望ましい人間関係を形成し、集団や社会の一員としてよりよい学校生活づくりに参画し、協力して諸問題を解決しようとする自主的、実践的な態度を育てる。

2 内容

　学校の全生徒をもって組織する生徒会において、学校生活の充実と向上を図る活動を行うこと。

(1) 生徒会の計画や運営
(2) 異年齢集団による交流
(3) 生徒の諸活動についての連絡調整
(4) 学校行事への協力
(5) ボランティア活動などの社会参加

〔学校行事〕
1 目標
　学校行事を通して、望ましい人間関係を形成し、集団への所属感や連帯感を深め、公共の精神を養い、協力してよりよい学校生活を築こうとする自主的、実践的な態度を育てる。
2 内容
　全校又は学年を単位として、学校生活に秩序と変化を与え、学校生活の充実と発展に資する体験的な活動を行うこと。
(1) 儀式的行事
　　学校生活に有意義な変化や折り目を付け、厳粛で清新な気分を味わい、新しい生活の展開への動機付けとなるような活動を行うこと。
(2) 文化的行事
　　平素の学習活動の成果を発表し、その向上の意欲を一層高めたり、文化や芸術に親しんだりするような活動を行うこと。
(3) 健康安全・体育的行事
　　心身の健全な発達や健康の保持増進などについての理解を深め、安全な行動や規律ある集団行動の体得、運動に親しむ態度の育成、責任感や連帯感の涵養、体力の向上などに資するような活動を行うこと。
(4) 旅行・集団宿泊的行事
　　平素と異なる生活環境にあって、見聞を広め、自然や文化などに親しむとともに、集団生活の在り方や公衆道徳などについての望ましい体験を積むことができるような活動を行うこと。
(5) 勤労生産・奉仕的行事
　　勤労の尊さや創造することの喜びを体得し、職場体験などの職業や進路にかかわる啓発的な体験が得られるようにするとともに、共に助け合って生きることの喜びを体得し、ボランティア活動などの社会奉仕の精神を養う体験が得ら

れるような活動を行うこと。
第3 指導計画の作成と内容の取扱い
1 指導計画の作成に当たっては、次の事項に配慮するものとする。
 (1) 特別活動の全体計画や各活動・学校行事の年間指導計画の作成に当たっては、学校の創意工夫を生かすとともに、学校の実態や生徒の発達の段階などを考慮し、生徒による自主的、実践的な活動が助長されるようにすること。また、各教科、道徳及び総合的な学習の時間などの指導との関連を図るとともに、家庭や地域の人々との連携、社会教育施設等の活用などを工夫すること。
 (2) 生徒指導の機能を十分に生かすとともに、教育相談（進路相談を含む。）についても、生徒の家庭との連絡を密にし、適切に実施できるようにすること。
 (3) 学校生活への適応や人間関係の形成、進路の選択などの指導に当たっては、ガイダンスの機能を充実するよう〔学級活動〕等の指導を工夫すること。特に、中学校入学当初においては、個々の生徒が学校生活に適応するとともに、希望と目標をもって生活をできるよう工夫すること。
 (4) 第1章総則の第1の2及び第3章道徳の第1に示す道徳教育の目標に基づき、道徳の時間などとの関連を考慮しながら、第3章道徳の第2に示す内容について、特別活動の特質に応じて適切な指導をすること。
2 第2の内容の取扱いについては、次の事項に配慮するものとする。
 (1) 〔学級活動〕及び〔生徒会活動〕の指導については、指導内容の特質に応じて、教師の適切な指導の下に、生徒の自発的、自治的な活動が効果的に展開されるようにするとともに、内容相互の関連を図るよう工夫すること。また、よりよい生活を築くために集団としての意見をまとめるなどの話合い活動や自分たちできまりをつくって守る活動、人間関係を形成する力を養う活動などを充実するよう工夫すること。
 (2) 〔学級活動〕については、学校、生徒の実態及び第3章道徳の第3の1の(3)に示す道徳教育の重点などを踏まえ、各学年において取り上げる指導内容の重点化を図るとともに、必要に応じて、内容間の関連や統合を図ったり、他の内容を加えたりすることができること。また、個々の生徒についての理解を深め、生徒との信頼関係を基礎に指導を行うとともに、生徒指導との関連を図るようにすること。
 (3) 〔学校行事〕については、学校や地域及び生徒の実態に応じて、各種類ごと

に、行事及びその内容を重点化するとともに、行事間の関連や統合を図るなど精選して実施すること。また、実施に当たっては、幼児、高齢者、障害のある人々などとの触れ合い、自然体験や社会体験などの体験活動を充実するとともに、体験活動を通して気付いたことなどを振り返り、まとめたり、発表し合ったりするなどの活動を充実するよう工夫すること。
3 入学式や卒業式などにおいては、その意義を踏まえ、国旗を掲揚するとともに、国歌を斉唱するよう指導するものとする。

⑥ 高等学校学習指導要領 第5章 特別活動
第1 目標
　望ましい集団活動を通して、心身の調和のとれた発達と個性の伸長を図り、集団や社会の一員としてよりよい生活や人間関係を築こうとする自主的、実践的な態度を育てるとともに、人間としての在り方生き方についての自覚を深め、自己を生かす能力を養う。
第2 各活動・学校行事の目標及び内容
〔ホームルーム活動〕
 1 目標
　　ホームルーム活動を通して、望ましい人間関係を形成し、集団の一員としてホームルームや学校におけるよりよい生活づくりに参画し、諸問題を解決しようとする自主的、実践的な態度や健全な生活態度を育てる。
 2 内容
　　学校における生徒の基礎的な生活集団として編成したホームルームを単位として、ホームルームや学校の生活の充実と向上、生徒が当面する諸課題への対応に資する活動を行うこと。
　(1) ホームルームや学校の生活づくり
　　ア ホームルームや学校における生活上の諸問題の解決
　　イ ホームルーム内の組織づくりと自主的な活動
　　ウ 学校における多様な集団の生活の向上
　(2) 適応と成長及び健康安全
　　ア 青年期の悩みや課題とその解決

イ　自己及び他者の個性の理解と尊重
　　　ウ　社会生活における役割の自覚と自己責任
　　　エ　男女相互の理解と協力
　　　オ　コミュニケーション能力の育成と人間関係の確立
　　　カ　ボランティア活動の意義の理解と参画
　　　キ　国際理解と国際交流
　　　ク　心身の健康と健全な生活態度や規律ある習慣の確立
　　　ケ　生命の尊重と安全な生活態度や規律ある習慣の確立
　　(3)　学業と進路
　　　ア　学ぶことと働くことの意義の理解
　　　イ　主体的な学習態度の確立と学校図書館の利用
　　　ウ　教科・科目の適切な選択
　　　エ　進路適性の理解と進路情報の活用
　　　オ　望ましい勤労観・職業観の確立
　　　カ　主体的な進路の選択決定と将来設計
〔生徒会活動〕
　1　目標
　　　生徒会活動を通して、望ましい人間関係を形成し、集団や社会の一員としてよりよい学校生活づくりに参画し、協力して諸問題を解決しようとする自主的、実践的な態度を育てる。
　2　内容
　　　学校の全生徒をもって組織する生徒会において、学校生活の充実と向上を図る活動を行うこと。
　　(1)　生徒会の計画や運営
　　(2)　異年齢集団による交流
　　(3)　生徒の諸活動についての連絡調整
　　(4)　学校行事への協力
　　(5)　ボランティア活動などの社会参画
〔学校行事〕
　1　目標
　　　学校行事を通して、望ましい人間関係を形成し、集団への所属感や連帯感を

深め、公共の精神を養い、協力してよりよい学校生活や社会生活を築こうとする自主的、実践的な態度を育てる。
2　内容
　　全校若しくは学年又はそれらに準ずる集団を単位として、学校生活に秩序と変化を与え、学校生活の充実と発展に資する体験的な活動を行うこと。
　(1)　儀式的行事
　　　学校生活に有意義な変化や折り目を付け、厳粛で清新な気分を味わい、新しい生活の展開への動機付けとなるような活動を行うこと。
　(2)　文化的行事
　　　平素の学習活動の成果を総合的に生かし、その向上の意欲を一層高めたり、文化や芸術に親しんだりするような活動を行うこと。
　(3)　健康安全・体育的行事
　　　心身の健全な発達や健康の保持増進などについての理解を深め、安全な行動や規律ある集団行動の体得、運動に親しむ態度の育成、責任感や連帯感の涵養、体力の向上などに資するような活動を行うこと。
　(4)　旅行・集団宿泊的行事
　　　平素と異なる生活環境にあって、見聞を広め、自然や文化などに親しむとともに、集団生活の在り方や公衆道徳などについての望ましい体験を積むことができるような活動を行うこと。
　(5)　勤労生産・奉仕的行事
　　　勤労の尊さや創造することの喜びを体得し、就業体験などの職業観の形成や進路の選択決定などに資する体験が得られるようにするとともに、共に助け合って生きることの喜びを体得し、ボランティア活動などの社会奉仕の精神を養う体験が得られるような活動を行うこと。
第3　指導計画の作成と内容の取扱い
1　指導計画の作成に当たっては、次の事項に配慮するものとする。
　(1)　特別活動の全体計画や各活動・学校行事の年間指導計画の作成に当たっては、学校の創意工夫を生かすとともに、学校の実態や生徒の発達の段階及び特性等を考慮し、生徒による自主的、実践的な活動が助長されるようにすること。また、各教科・科目や総合的な学習の時間などの指導との関連を図るとともに、家庭や地域の人々との連携、社会教育施設等の活用などを工夫

すること。その際、ボランティア活動などの社会奉仕の精神を養う体験的な活動や就業体験などの勤労にかかわる体験的な活動の機会をできるだけ取り入れること。
  (2) 生徒指導の機能を十分に生かすとともに、教育相談(進路相談を含む。)についても、生徒の家庭との連絡を密にし、適切に実施できるようにすること。
  (3) 学校生活への適応や人間関係の形成、教科・科目や進路の選択などの指導に当たっては、ガイダンスの機能を充実するよう〔ホームルーム活動〕等の指導を工夫すること。特に、高等学校入学当初においては、個々の生徒が学校生活に適応するとともに、希望と目標をもって生活をできるよう工夫すること。
  (4) 〔ホームルーム活動〕を中心として特別活動の全体を通じて、特に社会において自立的に生きることができるようにするため、社会の一員としての自己の生き方を探求するなど、人間としての在り方生き方の指導が行われるようにすること。その際、他の教科、特に公民科や総合的な学習の時間との関連を図ること。
2 第2の内容の取扱いについては、次の事項に配慮するものとする。
  (1) 〔ホームルーム活動〕及び〔生徒会活動〕の指導については、指導内容の特質に応じて、教師の適切な指導の下に、生徒の自発的、自治的な活動が効果的に展開されるようにするとともに、内容相互の関連を図るよう工夫すること。また、よりよい生活を築くために集団としての意見をまとめるなどの話合い活動や自分たちできまりをつくって守る活動、人間関係を形成する力を養う活動などを充実するよう工夫すること。
  (2) 〔ホームルーム活動〕及び〔生徒会活動〕については、学校や地域及び生徒の実に応じて、取り上げる指導内容の重点化を図るとともに、入学から卒業までを見通して、必要に応じて内容間の関連や統合を図ったり、他の内容を加えたりすることができること。また、〔ホームルーム活動〕については、個々の生徒についての理解を深め、生徒との信頼関係を基礎に指導を行うとともに、生徒指導との関連を図るようにすること。
  (3) 〔学校行事〕については、学校や地域及び生徒の実態に応じて、各種類ごとに、行事及びその内容を重点化するとともに、入学から卒業までを見通して、行事間の関連や統合を図るなど精選して実施すること。また、実施に

当たっては、幼児、高齢者、障害のある人々などとの触れ合い、自然体験や社会体験などの体験活動を充実するとともに、体験活動を通して気付いたことなどを振り返り、まとめたり、発表し合ったりするなどの活動を充実するよう工夫すること。

(4) 特別活動の一環として学校給食を実施する場合には、食育の観点を踏まえた適切な指導を行うこと。

3　入学式や卒業式などにおいては、その意義を踏まえ、国旗を掲揚するとともに、国歌を斉唱するよう指導するものとする。

4　〔ホームルーム活動〕については、主としてホームルームごとにホームルーム担任の教師が指導することを原則とし、活動の内容によっては他の教師などの協力を得ることとする。

【 事 項 索 引 】

[ア 行]
アイデンティティ　76
アカウンタビリティ　96
アセスメント　89
委員界活動　132
生きる力　18
異年齢集団　56
エバリュエーション　89

[カ 行]
カリキュラム・マネジメント　87
感情的側面　13
感性　14
寛容効果　100
学習指導要領　12、24
学級活動　24
学校教育　10
学校行事　24
学校病理　10
教育　15
教育課程　3
教育計画　3
教育勅語　44
教科外教育　23
教科教育　23
教師力　18
教授機能　4
ギャング・グループ　77
クラブ活動　24
訓育機能　4
経験の拡大　21
形成的評価　91
顕在的カリキュラム　102
公教育　24
行動的側面　13

心の教育　10
個人内評価　90
個性の伸長　30
個としての育ち　69
個別的理解　100

[サ 行]
シークエンス　84
指導計画　73
指導要録　97
社会規範　16
社会性　16
社会的適応力　41
社会病理　11
集会活動　121
集団活動　23
集団的学び　40
初頭効果　100
心身一如　17
心即理　36
診断的評価　90
自我同一性　66
自己一致
自己概念　32
自己決定感　19
自己効力感　19
自己指導力　39
自己実現　28
自己を生かす能力　27
自主的・実践的態度　27
自尊感情　19
児童会活動　24
自由研究　40
情意的側面　20
自立　18
自律　18
シークエンス　84
生徒会活動　24

事項索引 191

　生徒指導　61
　生徒総会　74
　制度化された学校　3
　潜在的カリキュラム　103
　絶対評価　90
　全体計画　72
　全体的理解　100
　総括的評価　92
　相互評価　92
　相対評価　90

［タ　行］
　体験の経験化　31
　確かな学力
　他者受容感　19
　他律　18
　単純化　101
　代表委員会　74
　知識基盤社会　4
　知性　14
　チャム・グループ　77
　中央教育審議会　12
　特別活動　15
　特別教育活動　40
　道徳教育　15
　道徳性　16

［ナ　行］
　内発的動機づけ　19
　内容的目標設定　25
　人間関係構築力　16
　認知的側面　13
　年間指導計画
　望ましい集団活動　27

［ハ　行］
　発達課題　63
　ハロー効果　101

　評議員会　74
　ピア・グループ　77
　ピグマリオン効果　101
　ＰDCAサイクル　87
　部活動　57
　方向的目標設定　25
　ホームルーム活動　25
　ボランティア活動　56

［マ　行］
　学びからの逃走　3
　メジャーメント　90

［ヤ　行］
　勇気づけ　37
　有能感　19
　豊かな体験　23
　幼稚園教育要領

［ラ　行］
　ラポール(rapport)　64

【著者略歴】

田沼　茂紀（たぬま　しげき）

　1955年　新潟県生まれ
　上越教育大学大学院学校教育研究科修了（教育学修士）。
　國學院大學人間開発学部初等教育学科教授。
　専攻は道徳教育、教育カリキュラム論。
　川崎市公立学校教諭を経て高知大学教育学部助教授、同学部教授。
　その間、同学部附属教育実践総合センター長を5年間にわたり併任。
　2009年4月より現職。
　主な単著、『表現構想論で展開する道徳授業』1994年、『子どもの価値意識を育む』1999年、『再考―田島体験学校』2002年（いずれも川崎教育文化研究所刊）、『人間力を育む道徳教育の理論と方法』2011年、『豊かな学びを育む教育課程の理論と方法』2012年（いずれも北樹出版刊）。その他の編著として詩歌集『御神楽新雪』1996年（土曜美術社刊）等。

心の教育と特別活動

2013年4月15日　初版第1刷発行

著　者　　田沼茂紀
発行者　　木村哲也

定価はカバーに表示　　印刷　富士見印刷／製本　川島製本

発行所　株式会社　北樹出版
〒153-0061　東京都目黒区中目黒1-2-6
電話(03)3715-1525（代表）　FAX(03)5720-1488

© Shigeki Tanuma　2013, Printed in Japan　　ISBN978-4-7793-0371-5

（落丁・乱丁の場合はお取り替えします）